은유 정보 처리와 AI

AI문고

인공지능 시대입니다. 기계가 인간의 인지를 대신하고, 사물이 인간을 통하지 않고 다른 사물과 직접 커뮤니케이션합니다. 이에 따른 인간 삶과 문명 변화를 정확히 이해·예측·대응하는 것은 이 시대 우리 모두의 과제입니다. AI문고는 인공지능 기술과 환경의 여러 주제를 10가지 키워드로 정리합니다. 관련 개념과 이론, 학계와 산업계의 쟁점, 우리 일상의 변화를 다룹니다. 인간과 기술의 현재, 미래를 세심히 분석합니다.

일러두기

- 인명, 작품명, 저서명, 개념어 등은 한글과 함께 괄호 안에 해당 국가의 원어를 병기했습니다.
- 외래어 표기는 현행 어문규정의 외래어표기법을 따랐습니다.
- 이 책은 대한민국 교육부(NRF-2020S1A3A2A02103899) 지원에 의해 저술되었습니다.

처음이세요?

전문가세요?

은유 정보 처리와 AI

최원일

대한민국, 서울, 커뮤니케이션북스, 2025

은유 정보 처리와 AI

지은이 최원일
펴낸이 박영률

초판 1쇄 펴낸날 2025년 6월 27일

커뮤니케이션북스(주)
출판 등록 2007년 8월 17일 제313-2007-000166호
02880 서울시 성북구 성북로 5-11
전화(02) 7474 001, 팩스(02) 736 5047
commbooks@commbooks.com
www.commbooks.com

ISBN 979-11-430-0502-1 03500

책값은 뒤표지에 표시되어 있습니다.

차례

AI 시대, 왜 은유 정보 처리인가?

시대(時代)라는 단어를 표준국어대사전에서 찾아보면 가장 먼저 나오는 뜻은 '역사적으로 어떤 표준에 의하여 구분한 일정한 기간'이다. 만약 우리가 '인공지능(artificial intelligence, AI) 시대가 도래했다'라고 한다면 AI 그 자체든, AI로 인해 생겨난 것이든 그 표준에 의해 이전과는 다른 새로운 기간이 시작되었음을 의미한다. 그러면 자연스럽게 '정말 AI가 그러한 정도의 표준을 제공한 것이 맞을까?'라고 물을 수 있다. 달리 묻는다면, 'AI의 시대라고 부를 수 있을 만큼 AI가 대단해?' 정도가 될까?

이 질문에 어떤 대답을 하는지는 사람에 따라 다를 수 있겠으나, '어, 맞아'라는 대답이 기하급수적으로 늘어나고 있다는 것에 동의하지 않는 사람은 없을 것이다. 그러면 먼저 작금을 AI의 시대라고 부를 정도로 대단한 AI가 무엇인지에 관해 간단하게 살펴보도록 하자.

AI란 무엇인가?

인공지능이란 무엇인가에 대한 답을 하려면 먼저 지능이라는 개념을 이해해야 할 것이다. 왜냐하면 인공지능이라는 단어는 두 개의 단어로 이루어진 복합명사인데, 인공이라는 단어가 지능이라는 단어의 의미를 한정하는 형태로 되어 있기 때문이다. 지능이란 단어는 여러 가지 방식으로 정의될 수 있겠지만, 이 책에서는 심리학적 관점에서 지능이란 무엇인가 생각해 보도록 하겠다. 사실 심리학계 안에서도 지능이란 무엇인가에 대하여 하나의 일치하는 견해가 있는 것은 아니다. 왜냐하면 지능이라는 개념 자체가 굉장히 복합적인 심리적 구성물이기 때문이다. 하지만 지능을 연구하는 많은 심리학자들이 동의한 주류 심리학에서의 지능에 대한 정의는 존재한다. 이 정의에 따르면 지능이란 아주 일반적인 정신적 능력으로서, 추론하고, 계획하고, 문제를 해결하고, 추상적으로 생각하며, 복잡한 개념을 이해하고, 빠르게 학습하며, 경험으로부터 배울 수 있는 능력을 포함한다(Gottfredson, 1997).

그렇다면 인공지능이란 이러한 정신적 능력을 발휘하는 주체가 인간이 아닌 인공물이란 뜻이 되겠다. 이러한 능력을 가진 인공물 혹은 기계와 같은 것들을 바로 인공지능이라 할 수 있다. 문제는 과연 어떤 인공물이 이러한 정신적 활동을 주체적으로, 의식적으로 수행할 수 있는가다. 여기서 앨런 튜링(Alan Turing)은 흥미로운 제안을 한다. 실제 어떤 기계가 지능의 정의에서 기술한 정신적 활동을 주체적으로 하는 것이 가능할는지는 모르겠지만, 적어도 이 활동을 매우 잘 흉내 낼 수 있다면, 그래서 사람들이 이 일을 인간이 했는지 기계가 했는지 구분할 수 없다면, 이 기계는 지능을, 즉 인공지능을 가진 것으로 판단할 수 있지 않겠느냐는 제안이다. 튜링이 이러한 제안을 한 지 70여 년이 지난 지금, 인공지능은 환경을 지각하고 적절한 학습 알고리즘을 사용하여 주어진 목표를 달성할 가능성을 최대한으로 높이는 기계로 정의할 수 있다.

가장 짧은 AI의 역사

그렇다면 AI는 언제 시작되었을까? 학자들에 따라 여러 견해가 있을 수 있지만, 1956년 다트머스대학교의 학술회의를 AI의 시작으로 보는 견해에 많은 학자들이 동의할 것이다. 이 학술회의에서 AI라는 단어가 고안되어 사용되었고, 이즈음부터 인간만큼 지적인, 혹은 인간 지능에 필적하는 기계를 만들고자 하는 연구가 본격적으로 시작되었다. 최초의 인공 신경망이라고 할 수 있는 퍼셉트론이 프랭크 로젠블랫(Frank Rosenblatt)에 의해 고안된 것이 1958년이었고, 이후 장밋빛 전망을 가지고 AI 연구가 진행되긴 했지만, 연구가 거듭되고 수많은 연구자금을 투입했음에도 인간 수준의 지능을 가진 기계를 만든다는 것이 얼마나 어려운 것인가를 깨달았을 뿐 인간 지능을 닮은 기계를 만들지 못한 채 20여 년이 흘러갔다. 1970년대는 이른바 첫 번째 AI의 겨울이라 할 수 있었다. 하지만 1960년대 중반부터 개발되어 온 전문가 시스템, 즉 특정 분야의 전문 지식을 습득하여 의사결정에 도움을 주는 컴퓨터 시스템이 1980년대 이르러 큰 발전을 이루었다. 하지만 그 한계는 분명히 존재했고, 1990년대에 이르자 AI에 대한 투자는 급격히 줄어들어 이른바 두 번째 AI의 겨울이 오게 되었다.

하지만 겨울이 끝나면 반드시 봄은 오는 법, AI 분야는 2000년대를 지나면서 큰 발전을 이루게 되었다. 이는 대용량의 데이터와 엄청난 계산 능력을 가진 컴퓨터의 등장으로 가능해졌다. 2011년 아이비엠(IBM)의 왓슨은 〈제퍼디(Jeopardy)!〉라는 퀴즈쇼의 가장 뛰어났던 챔피언을 이겼고, 2016년 구글 딥마인드의 알파고는 우리나라 바둑의 대표 주자인 이세돌 9단을 이겼다.

이세돌 9단을 4대 1로 이긴 알파고가 등장한 후 약 10년이 흐른 지금, AI는 엄청난 속도로 발전하고 있다.

AI가 할 수 있는 것들

1956년 다트머스대학교에서 열린 학술회의에서 AI라는 용어가 사용된 이래로, AI는 실로 눈부신 발전을 거듭했다. 앞서 살펴본 바와 같이, 명확한 목적이 있는 과제를 수행하는 영역에서는 인간을 이기는 AI를 보는 것이 더 이상 신기한 일이 아니다.

AI는 여기서 멈추지 않는다. 인간만의 고유한 능력이라고 여겨지는 언어 영역에서도 AI는 괄목할 만한 성과를 내고 있다. 단순히 웹에 떠도는 자료를 검색하여 찾아주거나 인간의 언어 이해와 산출의 과정을 모방하는 것이 아니다. 질문을 주면 자신만의 방식으로 해답을 생성한다. 그야말로 생성형 AI의 시대다.

2022년 11월, 오픈에이아이(OpenAI)라는 회사는 요란스럽지 않게, 그리고 큰 기대 없이, 자사의 대형언어모델(Large Language Model, LLM)에 기반한 챗지피티(ChatGPT)라는 서비스를 출시했다. 특별한 기대 없이 출시한 챗지피티는 여러 사람들의 입소문을 타고 빠르게 전 세계적으로 엄청난 파급 효과를 나타냈고, 필자가 이 글을 쓰는 2025년 상반기까지 꾸준한 업데이트가 이루어지고 있다. 이제 우리는 이 서비스를 이용하여 너무나 많은 일들을 손쉽게 할 수 있게 되었다. 구글이나 네이버와 같은 검색 엔진에서 제공하는 답변 기능의 수준을 훨씬 뛰어넘는 깊이 있는 답변뿐만 아니라, 글쓰기나 문서 작성 등의 수준 높은 과제도 상당히 높은 수준으로 해낸다. 번역이나 윤문 등도 수준급으로 할 수 있으며, 아주 복잡한 과제가 아니라면 컴퓨터 프로그래밍도 잘해서 꽤 쓸 만한 산출물을 내놓는다. 그야말로 AI 비서라고 불러도 손색이 없다. 그것도 아주 훌륭한 비서 말이다.

비서가 할 수 있는 일 정도라면 AI에 대해서 우리가 이렇게 경탄을 금치 못할 필요까지는 없을 것이다. AI는 비서를 넘어 때로는 선생님으로, 때로는 법률가로, 의사로, 심지어 예술가로 변신한다. 최근 한 연구에 따르면, 대형언어모델에 기반한 생성형 AI는 미국 의사 시험까지도 우수한 성적으로 합격했다(Brin et al., 2023). 이 연구에서 한 가지 흥미로운 비교가 이루어졌는데, 오픈에이아이가 개발한 지피티-4(GPT-4)에 기반한 AI 모델의 점수와 사람들의 점수의 평균을 비교했는데, 지피티-4가 사람의 수행을 능가했다. 그리고 이 비교에 사용된 문제들은 단순한 의학 지식을 묻는 문제(AI는 의학 지식을 묻는 문제로 구성된 시험도 물론 통과했다!)가 아닌 공감 능력, 의학 윤리, 의사소통 등 보다 "인간적인" 특성과 많이 관련된 것들이었다.

이러한 전문성을 측정할 수 있는 영역에서만 AI가 두각을 나타내는 것이 아니다. 작곡을 하고, 그림을 그리고, 또 소설을 쓴다. 그것도 꽤나 잘 해낸다. 그야말로 현대판 프로테우스(그리스 신화에 나오는 바다의 신으로, 모습을 마음대로 바꿀 수 있는 신)임이 틀림없다. 이제는 AI가 무슨 일을 잘할 수 있는가를 생각하는 것보다는 무슨 일을 잘하지 못할까를 생각하는 것이 더 빠를 정도다.

이 책의 주제와 관련해 생성형 AI의 한 가지 능력을 더 소개하고 싶다. 그것은 바로 유추 능력이다. 유추란 같은 혹은 비슷한 것에 기초하여 다른 사물의 특성을 미루어 추측하는 것으로, 두 사물이 여러 면에서 서로 비슷하다는 것을 근거로 그 사물들의 (관찰되지 않은) 다른 속성도 비슷할 것이라고 추론하는 것을 말한다. 예를 들어 어떤 쌍둥이가 서로 생긴 것도 비슷하고, 좋아하는 음식도 같고, 좋아하는 영화 장르도 같다는 것을 확인했다면, 이 둘은 좋아하는 책도 같을 것이라고 추론하는 것이다.

이 외에도 다양한 유추가 있을 수 있는데, 이러한 유추 능력은 인간의 문제 해결과 창의성의 아주 중요한 바탕이 된다. 만약 우리가 답을 모르는 어떤 문제에 맞닥트렸다고 생각해 보자. 우리는 종종 이와 비슷한 상황을 떠올리고, 그때 어떤 식으로 문제를 해결했는지를 살펴본 뒤, 새로운 상황에 이를 적용한다. 이는 비단 일상생활의 문제 해결 과정뿐 아니라 창의적 발명이나 과학에서의 혁신적 발견 과정에서도 나타난다(Holyoak, 2012). 과연 챗지피티는 이러한 유추 문제도 잘 풀 수 있을까? 최근 발표된 한 연구에 따르면, 챗지피티는 대학생 수준 혹은 그 이상의 유추 문제 해결 능력을 보인다고 한다. 웹과 동료들(Webb et al., 2023)은 텍스트 기반의 다양한 유추 문제를 제시하고 대학생들과 챗지피티의 정답률을 비교했다. 지금까지 우리가 살펴본 바와 마찬가지로 생성형 AI는 우리의 기대를 저버리지 않았다. 대부분의 과제에서 인간 대학생들과 유사한 수준의 정답률을 보였고, 과제에 따라서는 더 높은 점수를 받는 경우도 있었다. 이 연구에서 흥미로운 점은 연구에 사용된 유추 문제 해결을 위해 생성형 AI가 특별한 훈련을 받지 않았다는 점이다. 이미 받은 훈련만으로도 인간 수준의 유추 문제 해결이 가능했던 것이다. 물론 유추 문제 해결에서 AI가 인간과 비슷한 수준의 점수를 얻었다고 해서 이 점수가 인간과 완전히 같은 정보 처리를 통해서 나왔다고 볼 수는 없다. 하지만 다른 과제의 수행과 마찬가지로 튜링 테스트를 충분히 통과할 수 있지 않을까?

AI는 은유도 잘 할까?

대형언어모델에 기반한 생성형 AI가 뭐든지 척척 해내며 자유자재로 얼굴을 바꿀 수 있는 프로테우스라면, 특히 인간 지능과 창의성의 핵심 요소라고 볼 수 있는 유추능력까지도 갖췄다면 인간의 언어 능력 중 은유도 잘 이해하고, 또 좋은 은유를 잘 만들어 낼 수 있을까?

생성형 AI가 은유를 잘 이해하는지를 알아보기 전에 먼저 은유란 무엇인지 간단하게 알아보도록 하자. 인간은 언어생활에서 단어가 가지고 있는 문자적 의미에 기반하여 의사소통하기도 하지만, 어떤 현상이나 사물을 해당 단어가 아닌 다른 비슷한 현상이나 사물에 빗대어 설명하는 경우가 종종 있다. 예를 들어 강의를 너무 지루하고 재미없게 하는 교수를 학생들은 수면제라고 부른다. 당연히 교수님이 수면제일 수 없을 것이다. 수면제는 약이고, 교수님은 사람이니까 이 둘이 다른 것은 명백하다. 하지만 수업을 듣는 학생들에게 강의가 지루하고 재미없는 교수님은 수면제라는 단어로 표현하는 것이 (조금 짓궂긴 하지만) 적절한 표현일 수 있다. 왜냐하면 지루하고 재미없는 강의를 하는 교수님과 수면제는 모두 잠이 오게 만드는 특징을 가지고 있기 때문이다. (지금 특별한 상황에서의) 교수님과 수면제, 이 두 개념의 속성이 유사하기에 이러한 언어 표현이 이해가 되는 것이다. 이러한 상황을 우리는 비유적 언어(Figurative language, 혹은 Non-literal language)를 사용한다고 말하고, 비유적 언어에 대비되는 것은 문자적 언어(Literal language)다. "교수님은 너무 강의를 지루하고 재미없게 하셔"라고 말하는 것은 문자적 언어를 사용한 것이고, "교수님은 완전 수면제셔"라고 말하는 것은 비유적 언어를 사용한 것이다.

은유(隱喩, metaphor)는 이러한 비유적 언어의 한 종류로, 인간의 언어생활에서 사용되는 중요한 수사법 중 하나다. 은유라는 영어 단어 'metaphor'는 라틴어 'metaphora'에서 왔는데, 이는 '넘어가다', '이월하다'의 의미를 가진다. 은유(隱喩)라는 한자어의 뜻풀이가 '숨은 것을 깨우치다' 정도라고 한다면, 두 개의 서로 다른 개념 사이를 넘나드는 어떤 (원래는 숨어서 잘 찾기 어려운) 관계를 깨닫는 것이 바로 은유의 의미가 아닌가 생각된다. 이러한 의미는 은유가 단순히 문자적 언어를 장식하는 수사적 도구를 넘어서 인간의 창의성에 새로운 통찰을 제공하는 기능을 한다는 측면도 담겨 있다. 우리가 시나 소설 속에 사용되는 은유 표현에 감탄하는 것은 언어적 수사의 아름다움뿐만 아니라 언어로 표현된 창조적 통찰에도 기인하는 것 같다.

먼저 기계 학습에 기반한 컴퓨터 알고리즘은 주어진 텍스트가 문자 그대로의 표현인지 은유 표현인지 분류할 수 있을까? 최근 연구들에 따르면, 이러한 컴퓨터 프로그램은 특정 문장에 사용된 단어가 문자 그대로의 의미로 사용되었는지 혹은 은유적인 의미로 사용되었는지 판단하는 과제에서 완벽하지는 않지만 준수한 수행을 보이는 것 같다(Babieno et al., 2022; Leong et al., 2020). 예를 들어, 바비에노와 동료들의 연구에서 보고된 결과를 보면, 다양한 언어모델들은 대략적으로 80퍼센트 수준의 정확도를 가지고 주어진 단어가 은유적 의미로 사용된 것인지를 맞출 수 있었다.

생성형 AI 기술의 급격한 발전과 더불어 대형언어모델에 기반한 생성형 AI가 은유 표현을 잘 이해할 수 있는가를 알아본 연구들도 수행되고 있는데, 최근 보고된 결과를 하나 소개하면 다음과 같다. 바호비악과 그로먼

(Wachowiak & Gromann, 2023)은 지피티-3(GPT-3)에 기반한 생성형 AI가 은유 표현을 잘 탐지하는지, 그 의미를 잘 파악하는지를 알아보고자 했다. 연구 결과에 따르면, 영어에서는 약 65퍼센트, 스페인어에서는 약 35퍼센트의 은유 이해도를 보이는 것으로 나타났다. 이 논문의 결과를 정확하게 이해하기 위해서는 조금 더 자세한 설명이 필요하지만, 일단 지금은 이 정도의 결과만 생각해 보도록 하자. 이 결과를 우리가 그대로 받아들인다면 과연 AI가 은유적 의미를 제대로 파악할 수 있는 것인지, 적절한 상황에서 참신하면서도 적절한 은유를 만들어 낼 수 있는 것인지 의문이 든다. '그럼 그렇지'라고 생각하며 아직은 AI가 인간을 따라오려면 멀었다고 위안을 받아도 될까?

하지만 생성형 AI 기술은 그렇게 호락호락하지 않다. 체계적인 연구를 수행한 결과는 아니지만, 필자가 2025년 상반기에 챗지피티를 가지고 다양한 실험을 해 본 결과는 조금 충격적이다. 다음의 예를 하나만 보자. 필자는 2025년 2월 초에 챗지피티에게 다음과 같이 물었다.

"너는 시간을 낭비하고 있어"라는 문장에는 어떤 은유가 사용된 거야?

그러자 챗지피티는 다음과 같은 대답을 내놨다.

"너는 시간을 낭비하고 있어"라는 표현에는 시간을 자원으로 비유하는 은유가 사용되었습니다. 여기서 시간은 물리적인 자원처럼, 낭비되거나 낭비되지 않게 관리해야 하는 대상처럼 여겨집니다. 따라서 이 표현은 "시간을 다루는 방식에 대해 경고"를 하는 것으로, 시간을 허비하는 것을 자원의 낭비와 같은 것으로 비유한 것이죠.

이 대답을 보며 필자는 정말 놀랐다. 필자가 사용한 생성형 AI의 답은 제시된 문장이 비유적 언어로 사용된 것이며, 시간을 자원으로 비유하는 은유가 사용되었다는 것도 정확하게 짚어 내고 있었다. 물론 이것은 하나의 사례이기 때문에 다른 질문에는 이 정도 수준의 대답을 하지 못할 가능성도 있다. 하지만 분명한 것은 생성형 AI의 비유 언어 처리 능력이 상당한 수준에 도달해 있다는 점이다.

이쯤 되면 생성형 AI의 작동 원리에 대해 궁금해진다. 도대체 무슨 기술이, 어떤 원리가 사용되었기에 이토록 훌륭한 언어 처리를 할 수 있다는 말인가? 안타깝게도 이 주제는 이 책의 범위를 넘어설 뿐만 아니라 지면의 한

계도 있는 터라 여기서 이야기하긴 어렵다. 또한 현재 구동되고 있는 AI들의 작동 원리를 설명하는 것, 즉 AI가 그 답을 어떻게 내놓았는가를 아는 것은 아직 해결하지 못한 인공지능 분야의 가장 중요한 연구 문제 중 하나이기도 하다.

그렇다면 전혀 다른 방향으로, 즉 AI에서 인간으로 관심을 돌려 질문을 해 보자. 도대체 인간은 어떻게 은유 정보 처리를 하는 것일까? 우리는 시간을 낭비한다는 표현을 왜 아무런 어려움 없이 말할 수 있으며, 또 이해할 수 있을까? 이 질문에 대한 답을 이 책에서 구해 보려고 한다. 인간은 은유 이해에 어떻게 도달하는 것일까?

먼저 독자들께 드려야 할 말씀이 있다. 마치 AI가 어떻게 은유 이해를 하는가는 모르지만, 인간이 어떻게 하는지는 아니까, 이 책을 읽으면 인간의 은유 정보 처리의 본질을 확실하게 이해할 수 있을 것으로 기대하셨다면 아직은 아니라는 말씀을 먼저 드리고 싶다. 결론부터 말씀드리자면 지금도 언어 연구자들이 최선을 다해 인간의 은유 정보 처리 과정이 어떻게 이루어지는가를 알아내려고 노력하고 있지만, 아직 일치된 견해가 있는 것은 아니다. 다양한 이론들이 제시되어 왔고, 이들 사이에 갑론을박이 있고 아직 확정된 결론이 난 것은 아니다. 이 책에서는 다양한 연구 결과를 통해서 이 분야의 연구자들이 지금까지 알아낸 것들을 정리하여 설명할 것이다.

한 가지 더 드려야 할 말씀은 이 책의 내용은 인간 은유 정보 처리에 관한 연구 중 일부에 불과하다는 것이다. 필자의 역량 부족 때문이든, 분량의 제약이든, 인간 은유 정보 처리의 모든 내용을 이 책에서 전부 다룰 수는 없다. 언어심리학적 관점에서 인간 은유 정보 처리의 요체를 이해하기 위해 꼭 필요한 내용들만 선별하여 이 책에서 소개할 것이다.

은유 정보 처리와 관련하여 이 책이 다루는 내용들을 간단하게 살펴보면 다음과 같다. 먼저 은유를 보기 전에 인간의 언어 정보 처리 과정에 대해서 이 분야 연구자들이 무엇에 관심이 있고, 어떤 연구를 수행하는지 아주 짧게 개관할 것이다. 그리고 이러한 연구 목적을 달성하기 위해서 어떤 연구 방법을 사용하는지 알아볼 것이다. 본격적으로 은유 정보 처리에 대하여 말하기 전에 문자적 의미를 가진 언어와 비유적 의미를 가진 언어의 정보 처리는 어떤 공통점과 차이점이 있는지에 관하여 이야기할 것이다. 그리고 인간이 은유를 어떻게 이해하는지와 관련한 다양한 이론들에 관해 여러 가지 경험 연구 사례를 중심으로 소개할 것이다. 은유 정보 처리에 관한 언어심리학 혹은 인지 언어학 분야에서 어떤 이론들이 있었으며, 이러한 이론들이 실제 인간의 은유 정보 처리 과정을 얼마나 잘 설명하는가를 다룰 것이다. 그리고 이러한 은유 정보 처리에 관한 뇌 과학 연구가 현재 어떻게 이루어지고 있는지, 뇌 과학 연구 결과는 앞에서 제시된 여러 은유 정보 처리 이론들과 어떻게 관련이 있는지를 살펴볼 것이다. 책을 마무리하면서 아직 언어심리학자들이 잘 다루지 못하고 있는 두 가지 연구 주제에 관하여 소개할 것이다. 아주 흥미로운 연구 주제인 문학에서 사용되는 은유를 인간이 어떻게 이해하는지와 관련된 연구들을 소개하며, 이러한 연구들이 왜 수행하기 까다로운가도 생각해볼 것이다. 또한 이 책을 마무리하며 인공지능을 활용하여 어떻게 은유 정보 처리 연구를 할 수 있는지에 관한 내용을 다루어 볼 것이다.

은유는 문학 작품을 더 돋보이게 하기 위한 수사학적 장치를 넘어서 인간의 언어생활에, 그리고 삶 자체에 깊숙이 들어와 있다. 이제 인간의 은유 정보 처리 과정을 하나하나 살펴보는 여정을 시작해 보자.

참고문헌

Babieno, M. et al.(2022). Miss Roberta Wilde: Metaphor

identification using masked language model with Wiktionary lexical definitions. *Applied Sciences, 12*(4), 2081.

Brin, D. et al.(2023). Comparing ChatGPT and GPT−4 performance in USMLE soft skill assessments. *Scientific Reports, 13*, 16492.

Gottfredson, L. S.(1997). Mainstream science on intelligence: An editorial with 52 signatories, history, and bibliography. *Intelligence, 24*(1), pp.13~23.

Holyoak, K. J.(2012). Analogy and relational reasoning. In K. J. Holyoak & R. G. Morrison(eds.), *The Oxford handbook of thinking and reasoning,* pp.234~259. New York: Oxford University Press.

Leong, C. W. et al.(2020, July). A report on the 2020 VUA and TOEFL metaphor detection shared task. In *Proceedings of the Second Workshop on Figurative Language Processing,* pp.18~29.

Wachowiak, L. & Gromann, D.(2023, July). Does GPT−3 grasp metaphors? Identifying metaphor mappings with generative language models. In *Proceedings of the 61st Annual Meeting of the Association for Computational Linguistics(Volume 1: Long Papers),* pp.1018~1032.

Webb, T. et al.(2023). Emergent analogical reasoning in large language models. *Nature Human Behaviour, 7*(9), pp.1526~1541.

01
인간의 언어 정보 처리

인간이란 존재의 많은 능력들 중에서 가장 특별한 것을 꼽으라면 많은 사람들은 주저하지 않고 언어를 이해하고 산출하는 능력을 택할 것이다. 사실 인간을 다른 동물과 구분하는 가장 중요한 기준 중 하나 역시도 바로 언어 사용 능력이다. 그렇다면 인간은 어떻게 그토록 쉽게 언어를 사용할 수 있는 것일까? 인간이 글을 어떻게 이해하는가를 간략하게 살펴봄으로써 인간의 언어 정보 처리 과정을 이해해 보도록 하자.

AI와 1인 창업?

언어 정보 처리란?

이 책의 소개글에는 언어 정보 처리라는 표현이 등장한다. 이러한 표현은 심리학이나 언어학과 같은 특정 학문을 연구하는 사람들에게는 익숙할 수 있으나 보통은 우리가 현실 상황에서 즐겨 사용하는 표현은 아니다. 언어라는 단어는 일상에서 흔히 사용하니까 문제는 정보 처리겠다. 정보 처리라는 단어는 컴퓨터가 등장할 무렵, 2차 세계대전 이후에 사용되기 시작한 단어다. 컴퓨터의 작동 원리를 생각해 보면 이 단어의 의미를 대략적으로 이해할 수 있다. 우리가 컴퓨터를 사용하는 상황을 생각해 보자. 키보드 등의 입력 장치를 통해 정보를 집어넣으면, 연산 및 제어 장치에서 필요한 내용을 계산하고, 모니터나 프린터를 통해 처리된 정보가 출력된다. 바로 이러한 일련의 과정이 정보 처리 과정이다. 심리학, 특히 인지심리학 분야에서는 정보 처리라는 단어를 인간의 인지 과정을 이해하기 위해 많이 사용하는데, 외부에서 입력된 자극을 내부에서 계산해 처리하고 답을 내는 과정을 정보 처리라고 부른다.

인간 정보 처리의 예시는 우리가 일상에서 어떻게 직면한 문제들을 해결하는가를 보면 쉽게 떠올릴 수 있다. 예를 들어 아빠가 퇴근을 해서 집에 갔더니 딸아이의 표정이 시무룩하다. 그러면 아빠는 "무슨 일 있었어? 표정이 왜 그래?"라고 자연스럽게 딸에게 묻는다. 이 과정은 너무나도 자동적으로 일어나는 일처럼 보이지만, 실제로는 굉장히 복합적인 정보 처리가 이루어진 후에야 가능한 것이다. 딸아이의 시무룩한 표정은 아빠의 눈 안의 시신경 세포들을 활성화하여 빛 에너지가 전기 에너지로 전환되는 과정을 거쳐야 한다. 그 후 이 정보는 뇌의 후두엽으로 들어가고 다양한 뇌 영역들을 활성화하여 딸아이의 표정이 심상치 않다는 것을 파악한다. 이러한 과정에서 중요한 점은 새롭게 들어온 정보를 정확하게 해석하기 위해 기존 뇌에 저장된 정보를 잘 활용해야 한다는 점이다. 아빠는 지금까지 살아오면서 수많은 표정들을 봐 왔고, 그것이 무엇을 의미하는지에 관한 데이터를 뇌에 저장하고 있다. 방금 본 딸아이의 표정을 분석할 때 기존에 저장된 정보를 적극적으로 활용한다는 점이 아주 흥미롭다. 이와 같은 계산 과정을 통해 표정에서 미루어 짐작할 수 있는 현재 딸아이의 감정 상태를 파악할 수 있고, 이와 거의 동시에 전두엽에서는 딸아이에게 할 말을 생각하여 어떤 조음기관들을 어떻게 움직이라고 지시한다. 이러한 과정 끝에 나오는 말이 바로 "무슨 일 있었어? 표정이 왜 그래?"다. 이러한 일련의 정보 처리 과정 없이는 아빠는 지금 상황에 적절한 말을 딸에게 할 수 없다.

이제 정보 처리라는 단어가 무엇을 의미하는지 큰 그림에서는 이해했다. 그러면 언어 정보 처리라는 표현이 의미하는 것은 쉽게 이해할 수 있다. 인간이 언어를 이해하고 산출하는 일련의 과정들을 바로 언어 정보 처리라고 말하고, 이를 위해서는 복잡한 단계들이 필요하다는 것을 짐작할 수 있겠다.

인간의 언어는 크게 말하기, 듣기, 읽기, 쓰기로 구분할 수 있다. 네 영역의 정보 처리 과정이 조금씩 다를 수 있지만 이 책에서는 읽기 정보 처리에 관해 알아보면서 언어 정보 처리가 어떻게 이루어지는가 생각해 보자. 이 책에서 앞으로 다룰 은유 정보 처리 연구들이 대부분 사람들이 은유 표현을 읽고 이를 어떻게 이해하게 되는가와 관련되어 있기 때문에, 이번 장에서는 글을 읽을 때 어떤 과정을 거쳐서 이해에 도달하게 되는가를 설명하면서 언어 정보 처리에 관하여 이야기할 것이다.

읽기 이해의 과정: 단어 정보 처리

글을 읽고 그 내용을 이해하기 위해서는 먼저 단어를 보고 그 의미를 알아내는 것이 첫 번째 단계다. 이를 위해서는 두 가지 단계를 거쳐야 하는데, 첫째는 주어진 문자열이 단어인지 아닌지 확인하는 것이고, 둘째는 단어의 의미를 파악하는 것이다. 언어심리학자들은 첫 번째 단계를 단어 재인(word recognition) 과정이라고 부르고, 두 번째 단계를 의미 처리(semantic processing) 과정이라고 부른다.

먼저 단어 재인 과정이 어떻게 일어나는지 알아보자. 예를 들어 '침대'라는 문자열을 읽는다고 하자. 이것이 의미를 가지는 단어라는 것을 어떻게 알까? 언어심리학자들은 단어 재인 과정을 이해하기 위해 심성 어휘집(mental lexicon)이란 개념을 상정했는데, 이는 우리 뇌 안에 존재하며, 엄청나게 많은 단어가 수록된 사전과 같은 것이다. 보통 고등교육을 받은 성인들은 약 4만 개에서 6만 개 정도의 단어를 알고 있는데(Miller, 1995), 이러한 단어 목록이 우리 뇌 어딘가에 저장되어 있다고 생각하는 것이다. 일단 심성 어휘집과 관련하여 한 가지 오해하지 말아야 할 것은 우리 뇌 안에 특정 영역이 심성 어휘집인 것은 아니라는 점이다. 뇌 안의 한 부분이 사전 기능을 하는 심성 어휘집이라고 생각하기보다는 복잡한 신경 세포들 간의 네트워크로 심성 어휘집을 이해하는 것이 더 적절하다. '침대'라는 단어가 뇌로 입력되면 심성 어휘집에서 이 문자열을 나타내는 정보 혹은 네트워크가 활성화되는데, 이것이 단어 재인 과정이다. 물론 인간의 단어 재인 과정을 설명하기 위해 심성 어휘집이란 개념이 필요한가에 대해서는 연구자들 사이에 갑론을박이 있고(Elman, 2004), 심성 어휘집의 작동 기제에 대해서도 다양한 이론들이 있다(Reichle, 2021). 이와 관련된 복잡한 내용은 이 책에서 다루기에는 어려우나, 분명한 것은 외부에 존재하는 문자열 '침대'가 단어인지 아닌지 알기 위해서는 우리 뇌에서 해당 문자열이 단어라고 확인하는 과정이 필요하다는 사실이다. 그리고 이를 위해서는 문자열로 기록된 '침대'라는 단어에 해당하는 표제어와 그 의미가 머릿속에 저장되어 있어야 한다. 정리하면 우리가 '침대'라는 단어를 보게 되면, 심성 어휘집이라고 불리는 머릿속 사전에 이 표제어가 등재되어 있는지 확인함과 동시에, 그 의미 정보가 활성화된다.

읽기 이해의 과정: 문장 및 담화 정보 처리

심성 어휘집에 단어의 추상적인 형태와 의미가 저장되어 있고, 주어진 문자열을 심성 어휘집에서 찾을 수만 있다면 글을 이해할 수 있을까? 언어는 단어가 끝이 아니다. 이 단어들을 연결하여 구(phrase), 절(clause), 혹은 문장을 만드는 규칙을 학습해야만 글을 적절하게 이해할 수 있다. 즉 문장을 구성하는 통사적 규칙인 문법을 알아야만 한다. 주어진 문장을 구성하는 단어들의 의미 정보를 아는 것에 더해서 각 단어의 문법적 속성을 알아야만 문장을 정확하게 이해할 수 있다. 예를 들어 "나는 그녀의 동생이 예쁘다고 생각한다"라는 문장을 이해하기 위해서는 이 문장의 주어가 '나'이고, 동사는 '생각한다'이며, 예쁜 사람은 나도 그녀도 아닌 그녀의 동생이라는 것을 이해해야 한다. 나와 그녀와 동생이라는 단어의 의미뿐만 아니라 이 단어들 사이의 문법적 관계, 즉 구문 분석(syntactic parsing)이 일어나야만 문장을 정확하게 이해할 수 있다.

구문 분석은 어떻게 이루어질까? 초기의 언어심리학자들은 사람들이 문장을 보며 문장을 구성하는 성분들의 품사 정보를 먼저 추출하여 통사 구조를 만들고, 거기에 의미를 할당하는 2단계 모형을 제안했다(Frazier & Rayner, 1982). 특히 첫 번째 단계인 통사 구조를 만들 때 사람들은 구조의 복잡도를 낮추고 구조의 개수를 줄이는 방식의 어림법을 사용한다고 한다. 하지만 최근에는 통사 구조를 만들기 전에 의미 정보가 영향을 미칠 수 있다는 연구 결과들도 축적되고 있다(Seidenberg &

MacDonald, 2018).

구문 분석과 관련하여 상당히 여러 가지 이론들이 제안되고 있으나, 중요한 것은 우리가 글을 정확하게 이해하기 위해서는 개별 단어의 의미를 아는 것과 그 의미가 각 언어의 문법에 맞게 배열되었을 때 그 구조를 이해하는 것이 모두 필요하다는 것이다.

이렇게 하여 문장을 이해하면 글 이해의 많은 부분들이 해결된다. 하지만 개별 문장을 이해한다고 해서 글을 이해할 수 있는 것은 아니다. 킨치의 구성 통합 이론(construction-integration theory, Kintsch, 1998)에 따르면 글을 이해하기 위해서는 문장이 가진 의미를 파악하는 것을 바탕으로 문장(들)이 표현하는 명제 세트를 만들어 내야 하고, 궁극적으로 상황 모델이라는 것을 만들어 내야 한다. 이는 글이 표현하는 사건에 대한 심적 시뮬레이션, 공간, 시간, 인과관계, 인물의 감정 등을 포괄한다(Traxler, 2023).

우리는 모국어로 쓰인 글을 이해하는 것이 무척 쉽고 눈 깜짝할 사이에 일어나는 일이라고 생각한다. 하지만 글을 이해한다는 것은 입력된 단어를 재인하고, 문법을 바탕으로 이 단어들로 구성된 문장의 정확한 의미를 파악하며, 여러 문장들이 표현하는 기술된 혹은 기술되지 않은 의미까지 해석하는 복잡한 과정이다. 이러한 일련의 과정들이 어떻게 일어나는가를 밝히는 것이 바로 언어 정보 처리를 연구하는 심리학자나 언어학자들이 하는 일이다.

참고문헌

Elman, J. L.(2004). An alternative view of the mental lexicon. *Trends in Cognitive Sciences*, *8*(7), pp.301～306.

Frazier, L. & Rayner, K.(1982). Making and correcting errors during sentence comprehension: Eye movements in the analysis of structurally ambiguous sentences. *Cognitive Psychology*, *14*(2), pp.178～210.

Kintsch, W.(1998). *Comprehension: A paradigm for cognition.* Cambridge: Cambridge University Press.

Miller, G. A.(1995). WordNet: A lexical database for English. *Communications of the ACM*, *38*(11), pp.39～41.

Reichle, E. D.(2021). *Computational models of reading: A handbook*. Oxford: Oxford University Press.

Seidenberg, M. S. & MacDonald, M. C.(2018). The impact of language experience on language and reading: A statistical learning approach. *Topics in Language Disorders*, *38*(1), pp.66～83.

Traxler, M. J.(2023). *Introduction to psycholinguistics: Understanding language science(2nd ed.)*. Wiley Blackwell. 최원일 외 역(2024). 《언어심리학: 언어과학의 이해》. 학지사.

02
언어 정보 처리 연구 방법론

언어심리학자들은 인간 언어 정보 처리의 비밀을 밝히기 위해 어떤 방법들을 사용할까? 이 장에서는 현재 언어심리학자들이 주로 사용하는 언어 정보 처리의 방법들 중 특히 글을 읽고 이해하는 과정을 알아보는 대표적인 방법인 심적 시간 측정법과, 안구 운동 측정법을 알아보도록 하자. 이해의 과정은 우리의 머릿속에서 일어나는 일인데, 무엇을 그리고 어떻게 측정해서 이 과정을 추론하는 것일까?

AI와 MBTI?

심적 시간 측정법

두 명의 네덜란드인 안과의사 요한 데 재거(Johan de Jaager)와 프란시스퀴스 돈더스(Franciscus Donders)는 1860년대 한 실험실에서 자동 음파 기록 장치를 사용하여 소리에 대한 반응 시간 연구를 수행했다. 이 연구 결과는 1865년 돈더스의 논문에서, 그리고 데 재거의 위트레흐트 대학 박사 논문에서 동시에 보고되었다(Levelt, 2013). 이 연구는 무척 간단하다. 한 사람(A)이 단음절 소리를 크게 내면 다른 사람(B)도 그 들은 소리를 그대로 즉시 내며 반응해야 했다. 둘은 서로 역할을 바꿔 가며 이 과제를 수행했고, A가 발화를 시작한 시각과 B가 따라 한 시각 사이의 소리굽쇠 주기를 보면 B가 청각 음성을 듣고 반응까지 걸린 시간을 측정할 수 있었다.

자극이 주어진 순간부터 반응이 일어나기까지의 시간을 측정하는 것은 초기 심리학 연구에서 흔히 사용하던 방법이었고, 이것은 지금도 많은 연구실에서 사용하는 방법이다. 이 방법으로 인간의 언어 정보 처리 과정을 어떻게 알아낼 수 있을까? 돈더스의 연구로 돌아가 보자. 이 연구에는 두 가지 실험 조건이 있었다. 하나는 '키(ki)'라는 음절 하나만 발화되는 조건, 즉 이 조건에서는 어떤 음절이 나오는지 생각할 필요가 없었다. 그냥 음성이 들리면 최대한 빨리 '키(ki)'라고 반응하면 되는 것이었다. 이때 한 사람의 평균 반응 시간은 250밀리초였다. 다른 하나는 일곱 개의 서로 다른 음절 중 하나가 발화되는 조건이었다. 이 조건에서 실험 참여자는 일곱 개의 음절 중 어떤 음절이 들리는지를 확인하고 해당 음절을 정확하게 발화하기 위한 계획을 세워야 했다. 이 두 번째 조건에서의 반응 시간은 338밀리초였다. 해야 할 일이 많아지니까 반응 시간이 길어졌다!

첫 번째 조건에서는 들리는 소리가 어떤 음절인지 인식할 필요 없이 바로 반응해야 했지만, 두 번째 조건에서는 들리는 소리가 어떤 음절인지 인식한 후 그 음절을 발화해야 했기 때문에 부가적인 인지 정보 처리가 필요했다. 언어 정보 처리를 연구했던 19세기의 학자들은 바로 이러한 점에 착안하여 특정 과제에 관여하는 정보 처리의 단계들을 상정하고, 각 단계를 수행하는 데 어느 정도의 시간이 필요한가를 반응 시간을 통해 추정하려고 했다. 이러한 방법이 바로 심적 시간 측정법이다. 정보 처리가 위계적으로 이루어진다고 가정하고, 각 조건이 이러한 위계를 순차적으로 만족하도록 설계한 뒤, 보다 많은 단계를 가진 조건에서 적은 단계를 가진 조건의 반응 시간을 감산함으로써 특정 단계의 정보 처리가 이루어지는 시간을 추정할 수 있는 것이다. 이러한 감산 과정 때문에 이 방법을 인지 감산법이라고 부르기도 한다.

심적 시간 측정법은 비단 감산법에만 적용할 수 있는 것이 아니다. 예를 들어 고빈도 단어와 저빈도 단어의 재인 시간을 측정한다고 생각해 보자. 실험 절차는 간단하다. 실험 참여자가 모니터를 보며 앉아 있고, 모니터에는 문자열이 제시된다. 참여자는 제시된 문자열이 단어인지 아닌지 판단하여 최대한 빠르고 정확하게 키보드 혹은 반응 기록 장치의 버튼을 누르면 된다. 제시되는 문자열은 고빈도 혹은 저빈도 단어일 수도 있고, 단어가 아닌 문자열일 수도 있다. 중요한 것은 어떤 문자열이 제시되든, 수행해야 할 과제가 동일하기 때문에 고/저빈도의 어휘 판단에는 동일한 단계의 정보 처리 과정이 필요하다고 가정할 수 있다. 그런데 두 조건의 반응 시간을 비교해 보면, 저빈도 단어는 고빈도 단어에 비해 유의미하게 느리다. 그렇다면 우리는 이 반응 시간을 통해서 고빈도 단어에 비해 저빈도 단어를 심성 어휘집에서 선택하는 데 더 오랜 시간이 걸리고, 더 많은 정보 처리가 필요하다고 추론할 수 있는 것이다.

은유 정보 처리와 관련하여 이 연구 방법이 어떻게 사용되는지 실제 연구의 예를 통해 살펴보자. 윌슨

(Wilson)과 깁스(Gibbs)는 은유 정보 처리가 체화되어 있다는 가설을 검증하기 위해 다음과 같은 실험을 수행했다. 실험 참여자들은 컴퓨터 화면을 보고 앉아 화면에 나타나는 특정 기호를 보고 그 기호와 임의로 연결된 행동을 해야 했다. 예를 들어 큰따옴표 기호가 나오면 팔과 손을 내밀어 무언가를 잡는 것 같은 행위를 한다. 그 뒤 '개념을 파악하다(grasp a concept)'라는 은유 표현이 화면에 나오면 이를 빠르게 읽고 버튼을 눌러야 했다. 이 실험에는 세 가지 조건이 있었는데, 행위와 은유 표현에 사용된 동사가 일치하는 조건, 이 둘이 일치하지 않는 조건, 행위를 하지 않고 은유 표현만 읽는 통제 조건이었다. 실험 결과, 행위와 은유 표현이 일치하는 조건이 다른 두 조건에 비해 반응 시간이 더 빨랐다. 즉 '개념을 파악하다'라는 은유 표현을 이해하는 데 무언가를 잡는 행위가 이 은유와 관련 없는 행위를 하거나 행위를 하지 않은 경우보다 반응을 촉진한 것이다. 이와 같이 특정 조건들의 반응 시간을 측정하여 그 차이를 분석함으로써 정보 처리 과정을 알아보는 것이 바로 심적 시간 측정법이고, 언어심리학 연구의 대표적인 방법으로 지금도 활발하게 사용되고 있다.

안구 운동 측정법

글 이해 과정을 연구하기 위해 많이 사용되는 또 다른 연구 방법은 글을 읽는 동안 움직이는 시선을 추적하는 것이다. 우리는 글을 읽을 때 어떻게 눈을 움직일까? 언뜻 생각하면 마치 빙판에서 스케이트 날이 미끄러지듯 부드럽게 왼쪽에서 오른쪽으로 이동할 것 같다. 하지만 실제로 고속 카메라를 이용하여 글을 읽을 때의 안구 운동을 측정해 보면, 이는 연속적이지 않고, 잠깐 멈추는 시간, 즉 고정(fixation)과 굉장히 빠른 이동, 즉 도약(saccade)으로 구성되어 있는 것을 관찰하게 된다. 보통 글을 읽을 때 모국어에 능숙한 성인이라면 한 번의 고정에 약 250밀리초의 시간을 보내고, 빠른 도약은 약 20~40밀리초 정도에서 이루어진다. 고정하는 동안 인쇄된 글로부터 철자나 의미 정보가 눈으로 들어오고, 빠른 도약 과정에서는 이러한 시각적 정보의 유입이 억제된다.

이러한 안구 운동의 특징을 고려하여 연구자들은 단어나 문장의 특성이나 수준에 따라 고정 시간이나 고정 확률 등이 어떻게 달라지는가를 관찰하고, 이로부터 글 이해의 정보 처리 과정을 추론할 수 있다. 심적 시간 측정법을 이용하여 고빈도 단어와 저빈도 단어 사이에 반응 시간의 차이가 있음을 설명했다. 안구 운동 측정을 통해서도 이러한 연구를 수행할 수 있다. 성은진 등(2019)의 연구를 예로 들어 보자. 이 연구에서는 다음의 두 문장과 같이 문장 안의 모든 어절이 동일한데, 목표 단어만 다른 문장 쌍을 구성했다.

1. 건이는 탁자 위에 있던 담배를 현수에게 주었다.
2. 건이는 탁자 위에 있던 알약을 현수에게 주었다.

실험 참여자는 위와 같은 문장을 눈으로 읽어야 하며, 글의 내용을 잘 이해했는지 확인하는 문제를 풀게 된다. 이때 1번 문장의 "담배"는 많이 사용되는 단어이고, 2번 문장의 "알약"은 많이 사용되는 단어가 아니다. 실험 결과에 따르면 참여자들은 고빈도 단어가 포함된 어절에 대한 고정 시간이 저빈도 어절에 비해 더 짧고, 이 단어에 고정할 확률도 고빈도 조건에서 더 작다. 즉 고빈도 단어는 저빈도 단어에 비해 더 빨리 재인되고 이해될 수 있기 때문에 고정 시간도 짧고, 심지어 이 단어를 건너뛸 확률도 커지는 것이다. 이렇듯 글 읽기 시의 안구 운동을 측정하면 이를 통해 글 이해 과정에서 어떤 일이 일어나는지를 보다 면밀히 알 수 있다.

다양한 연구 방법론

심리학자들은 글 이해 정보 처리 과정을 연구하기 위해 심적 시간 측정법이나 안구 운동 측정법 외에도 다양한 연구 방법을 이용한다. 특히 최근에는 글 이해 시 일어나는 뇌에서의 활동을 직접 알아보기 위한 연구 방법들을 이용하고 있다. 뇌파를 측정하는 사건 관련 전위(event-related potentials)나 혈역동을 기반으로 특정 뇌 영역에서의 뉴런의 활동 기전을 추론하는 기능적 자기 공명 영상(functional magnetic resonance imaging) 방법이 많이 사용되고 있다. 지면의 한계로 이러한 방법들을 자세히 설명할 수는 없지만, 언어심리학자들은 언어 정보 처리의 이해를 위해 다양한 방법론을 이용하여 정보 처리 과정의 본질을 밝혀내기 위해 애쓰고 있다.

참고문헌

성은진 외(2019). 한글 문장 읽기에서 나이에 따른 단어빈도효과: 안구 운동 연구로부터의 증거. ≪언어과학연구≫, 88권 1호, 251~280쪽.

Levelt, W. J.(2013). *A history of psycholinguistics: The pre-Chomskyan era*. Oxford: Oxford University Press.

Wilson, N. L. & Gibbs Jr, R. W.(2007). Real and imagined body movement primes metaphor comprehension. *Cognitive Science, 31*(4), pp.721~731.

03
문자 의미와 비유 의미의 처리

우리가 언어를 이해한다는 것은 화자의 말이나 필자의 글이 말한 대로 혹은 쓰인 대로 의미하는 바가 있다는 것을 가정한다. 하지만 어떤 경우 언어는 들은 대로 혹은 읽은 대로 이해하면 낭패를 보는 수도 있다. 즉 문자 의미와 비유 의미가 다를 수 있다. 우리는 이러한 비유 의미를 어떻게 이해하는 것일까?
언어심리학자들의 연구 결과를 통해 이 비밀을 풀어 보자.

AI와 난임 극복?

문자 언어와 비유 언어

"제 연구실의 문은 언제나 열려 있습니다." 필자가 수업 시간에 학생들에게 종종 하는 말이다. 단어 그대로의 의미, 즉 문자적 의미만을 생각한다면 이 문장은 이해하기 어렵지 않다. 듣는 학생들은 아마도 말하는 교수의 연구실 문이 항상 열려 있다고 이해하고, 잠금 장치가 고장 났냐고 물을 수도 있고, 문을 고칠 수 있는 방법을 알려 줄 수도 있다. 하지만 아직까지 단 한 명의 학생도 이와 같은 반응을 보이지는 않았다. 그 이유는 아마도 교수가 이런 말을 한 것이 문자적 의미가 아닌 비유적 의미를 전달하고자 했다는 것을 학생들이 이해했기 때문일 것이다. 물론 그 비유적 의미가 정확히 어떤 것인지를 알기 위해서는 전후 문맥이나 상황 혹은 교수의 성향, 평소의 말하는 습관, 발화 당시의 문장의 운율 등 파악해야 할 것이 많다. 하지만 대략적으로 이 말의 의미는 교수가 학생들과 대화하고 싶거나 만남을 원하고 있다는 것을 말한다. 실제 이 말을 했던 필자 역시 이와 같은 의미에서 이런 말을 했다.

하지만 생각해 보면 이 말이 꼭 이러한 비유적 의미를 뜻한다고 볼 수도 없다. 정말로 연구실의 문이 항상 열려 있어서 불평하는 말일 수도 있고, 연구실 문이 항상 열려 있으니, 연구실에서 뭘 하고 싶은 사람은 마음대로 들어가서 이용해도 된다고 말할 수도 있다. 그리고 실제 우리는 어떤 말을 할 의도가 생기면 이를 비유적 언어로 표현하기보다는 문자적 언어로 표현할 때가 더 많다. 그래서 언뜻 보기에 어떤 말이나 글을 이해하는 과정에서 문자적으로 해석해서 잘 이해가 되지 않는다면 그때 비유적인 의미의 해석을 시도한다고 생각할 수 있다. 실제로 초기 언어심리학자들은 이러한 주장을 펼쳤다(Clark & Lucy, 1975). 문자적 의미의 해석이 선행된 후 비유적 의미의 해석이 따라온다는 것이다. 이러한 견해는 일견 타당해 보이는데, 비유적 의미는 문자적 의미에 비해 더 복잡하고 알 수 없는 것으로 생각하기 쉽기 때문이다.

그렇다면 우리는 특정 발화나 글이 문자적 의미가 아니라 비유적 의미를 담고 있는 것인지 어떻게 알 수 있을까? 첫 번째 방법은 해당 발화의 진위 여부를 따지는 것이다. 예를 들어 보자. 부모가 급한 일로 출타를 하면서 중학생 자녀 둘만 하루 종일 집에 있었다. 밤늦게 들어와 보니, 집도 깨끗하고 설거지까지 다 되어 있었다. 다음 날 아침 이 부모가 아이에게 "우리 아들 어른이네, 어른이야"라고 말했다고 하자. 이 말은 당연히 비유적인 표현이다. 왜냐하면 중학교 다니는 아들이 갑자기 하루 사이에 어른이 될 수는 없기 때문이다. 이 말을 들은 자녀는 이것을 문자적 의미로 해석해서 오늘부터 내가 어른이라고 생각하지는 않을 것이다. 그렇다면 아주 쉽게 저 말이 비유적인 의미를 담고 있다고 해석할 수 있다.

하지만 문제가 늘 이렇게 간단한 것만은 아니다. 대학생 아들과 함께 마트에서 장을 본 뒤 아빠가 아들에게 "짐을 좀 들 수 있어?"라고 묻는다면 이것은 그 자체로 잘못된 물음은 아니다. 아들이 짐을 들 능력이 있는지를 확인할 수도 있기 때문이다. 하지만 이 표현은 간접 요청에 해당하고 이러한 비유적 의미를 우리는 잘 파악할 수 있다. 그렇다면 이렇게 문자적 의미로 해석하는 것이 거짓이거나 잘못되지 않은 상황에서 사람들은 어떻게 비유적 의미로 이를 해석할 수 있는 것일까?

그라이스의 격률

대화 시 어떤 발화에 적용되는 규칙과 관련하여 중요한 이론 중 하나는 언어 철학자 폴 그라이스가 제시한 대화 격률(conversational maxims) 이론이다. 그라이스는 효과적인 의사소통을 위해서 대화에 참여하는 사람들이 다음과 같은 네 가지 규칙을 지켜야 한다고 주장했다. 첫째, 질(quality)의 격률은 사실만을 말해야 한다는 것이다. 둘째, 양(quantity)의 격률은 새로운 정보를 말해야 한다는 것이다. 셋째, 방법(manner)의 격률은 가능한 명확하고 직접적으로 말해야 한다는 것이다. 마지막으로, 관계(relation)의 격률은 지금 이루어지는 대화 주제와 관련된 발화를 해야 한다는 것이다.

"짐을 좀 들 수 있어?"라는 아빠의 발화가 문자적 의미로 해석된다면 이는 그라이스의 양의 격률을 위배하는 것이다. 왜냐하면 대학생 아들이 짐을 들 능력이 있는지 굳이 확인할 필요가 없기 때문이다. 부모님 없이 씩씩하게 하루를 잘 살았던 중학생 아들에게 한 "우리 아들 어른이네, 어른이야" 역시 문자 그대로 이를 해석할 경우 질의 격률을 위배하는 것이다.

지금까지의 논의를 종합해 보면 우리는 글이나 발화의 의미를 이해할 때 먼저 문자적 의미로 해석을 시도하고, 그 해석이 문자적으로 오류가 있거나 그라이스의 격률을 위배할 경우, 비유적 의미로 해석을 하게 된다. 그런데 과연 정말 그럴까? "우리 아들 어른이네, 어른이야"라는 발화를 듣고 과연 아들은 문자적 의미의 해석을 꼭 시도해야만 할까?

문자 의미와 비유 의미 활성화의 동시성

문자 의미와 비유 의미의 해석이 순차적으로 이루어진다면 비유 의미의 해석은 언제나 문자 의미보다 더 늦게 이루어지거나 시간이 더 오래 걸려야 한다. 왜냐하면 먼저 문자 의미의 해석으로 계산을 시작했다가, 이것이 아니라는 것을 깨닫고 비유 의미의 해석이 이루어질 수 있기 때문이다.

하지만 언어심리학자들의 실험 결과를 살펴보면 비유 의미도 문자 의미만큼 빠르게 처리되는 것을 알 수 있다. 해리스(Harris, 1976)는 문학 작품에서 나오는 은유 문장과 그 의미를 그대로 담되, 은유를 사용하지 않은 문장을 제시하고, 이 두 문장을 읽는 데 걸리는 시간을 측정했다. 연구 결과 두 조건에서 읽기 시간의 차이는 없었다. 만약 비유 의미보다 문자 의미가 항상 먼저 해석된다면, 이 실험의 은유 문장은 비은유 문장에 비해 읽기 시간이 더 길었어야 했다. 왜냐하면 은유를 이해하기 위해서는 그 문장이 문자 그대로의 의미가 아님을 먼저 이해하고, 은유의 해석을 시도해야 하기 때문이다. 하지만 사람들은 은유 문장과 비은유 문장을 읽는 데 시간 차이가 나지 않았다. 은유 문장의 비유 의미도 비은유 문장의 문자 의미만큼 빠르게 처리할 수 있음을 뜻한다.

더욱 흥미로운 연구 결과는 사람들이 비유 의미를 전혀 고려할 필요가 없는 상황에서조차 비유 의미가 자동적으로 활성화된다는 것이다. 글룩스버그 등(Glucksberg et al., 1982)은 실험 참여자들에게 "몇몇 직장은 감옥이다"와 같은 표현을 제시하고, 이러한 표현이 문자 의미의 관점에서 참인지 거짓인지를 판단하게 했다. 문자 의미의 관점에서만 이 문장의 참/거짓을 판단하면 되기 때문에 이 문장은 다른 통제 문장, 이를테면 "몇몇 직장은 참새다"와 반응 시간에 차이가 날 이유가 없다. 두 문장 모두 문자 의미의 관점에서는 분명한 거짓이기 때문이다. 하지만 은유 문장은 통제 문장에 비해 반응 시간이 느렸다. 왜냐하면 문자 의미로만 판단해야 함에도 불구하고 은유 의미가 자동적으로 활성화되어 판단에 영향을 미쳤기 때문이다(Glucksberg, 1998).

이러한 결과들을 종합해 보면 우리는 비유 의미를 문자 의미만큼이나 빠르게 처리할 수 있을 뿐만 아니라 비유 의미가 활성화될 필요가 없는 상황에서도 자동적으로 비유 의미가 활성화되는 것을 알 수 있다. 그러면 비유 의미, 특히 은유는 어떤 정보 처리 과정을 통해 이토록 쉽게 이해될 수 있는 것일까? 앞으로 몇 장에 걸쳐서 은유 의미가 어떤 과정을 거쳐서 이해에 이르게 되는지에 관한 몇몇 이론적 입장들에 관해 살펴볼 것이다.

참고문헌

Clark, H. H. & Lucy, P.(1975). Understanding what is meant from what is said: A study in conversationally conveyed requests. *Journal of Verbal Learning and Verbal Behavior, 14*, pp.56~72.

Glucksberg, S.(1998). Understanding metaphors. *Current Directions in Psychological Science, 7*(2), pp.39~43.

Glucksberg, S. et al.(1982). On understanding nonliteral speech: Can people ignore metaphors?. *Journal of Verbal Learning and Verbal Behavior, 21*(1), pp.85~98.

Harris, R. J.(1976). Comprehension of metaphors: A test of the two-stage processing model. *Bulletin of the Psychonomic Society, 8*(4), pp.312~314.

04
은유의 이해 1: 개념적 사상 이론

인간은 아주 오래전부터 비유 언어로서 은유를 사용하고 너무나도 쉽게 이해한다. 은유의 정보 처리 과정에 대하여 살펴보기 전에 은유가 이렇게 쉽게 이해될 수밖에 없음을 주장하는 개념적 사상 이론에 관하여 먼저 살펴보자. 이 이론은 인지 언어학자들에 의해 주창된 것으로, 은유는 수사가 아니라 곧 삶이라고 주장한다.

AI와 사주?

특별한 은유

우리는 은유라는 말을 들으면 자연스럽게 중고등학교 시절 국어 시간을 떠올린다. 여러 가지 비유법들 중 하나로서 은유를 기억해 내며, 은유가 사용된 예시들이 머릿속에 떠오른다. 이 글을 읽고 계신 독자들도 몇 가지 시구가 생각나실지도 모르겠다. 김동명은 내 마음을 호수요, 촛불이요, 낙엽이요, 나그네라 했고, 윤동주는 무지개를 하늘 다리라고 표현했다.

이렇듯 은유는 문학 작품에 사용되어 작품을 더욱 맛깔나게 하는 조미료라고 생각하기 쉽다(맞다. 필자도 작품을 맛깔나게 하려는 의도로 '은유는 조미료'라는 은유를 사용했다). '은유'라는 비유법을 '조미료'라는 음식이라는 영역을 통해 표현함으로써 독자들이 은유의 의미를 더 잘 이해할 수 있도록 한 것이다. 말하자면 은유는 특별한 장치인 셈이다.

특별하지 않은 은유

그러나 은유에 대해서 전혀 다른 주장을 하는 언어학자들도 있다. 은유는 조미료와 같은 특별한 역할을 하는 것이 아니라 사람들의 언어에 너무 자연스럽게 녹아 있어서 특별할 것이 없는, 삶 그 자체라는 것이다(Lakoff &

Johnson, 1980). 우리의 언어생활에 체화된, 그래서 나도 모르게 사용하고 있는 은유의 예를 지면에 다 담기에는 턱없이 부족하다. 바로 전 문장에서도 필자는 '은유를 담는다'는 표현을 사용했다. 은유가 물건도 아니고 도대체 뭘 어떻게 담는다는 것인가? 하지만 이런 불평을 하는 독자는 없으실 것이다. 왜냐하면 이러한 은유를 우리는 늘 사용하고 있기 때문이다. 일상에서의 은유를 폭넓고 심도 있게 살펴본 조지 레이코프(George Lakoff)는 은유와 일상 언어를 구분하는 것이 불가능할 정도로 은유가 우리 삶이 깊이 뿌리박혀 있으며, 이러한 은유를 설명하기 위해 개념적 사상 이론(conceptual mapping theory)을 구축했다.

개념적 사상 이론이란?

조지 레이코프는 은유가 특별한 수사학적 기법이라는 생각을 거부하고, 일상 언어에서 흔하게 사용된다고 주장하며, 실제 일상 언어라는 것은 암묵적 은유라고 볼 수 있다고 한다. 즉 우리가 한 개념을 이해하기 위해서는 다른 개념과의 연결, 매핑 혹은 사상(寫像)을 통해서만 이루어질 수 있다는 것이다. 언어학적 용어로 표현한다면 설명하려는 대상을 목표(target) 영역이라 하고, 설명을 위해 사용한 개념을 근원(source) 영역이라 한다. 예를 들어 논쟁이라는 개념은 은유와 전혀 상관없다고 생각할 수도 있지만, 논쟁(목표 영역)은 전쟁(근원 영역)이라는 개념과 잘 연결되어 있어서 일상 언어에서 논쟁에 관해 이야기할 때 전쟁의 개념을 쉽게 사용한다는 것이다. “그는 상대방의 논리를 부숴 버렸다”, “철저한 논리로 방어했다”, “그녀의 비판이 적중했다”와 같은 말을 우리는 너무 쉽게 사용하고, 아주 쉽게 이해한다. 레이코프와 동료 학자들은 그 이유가 바로 이 두 개념이 서로 연결되어 있기 때문이며, 우리가 언어를 이해하는 것이 바로 이러한 개념들 사이의 암묵적이고 자동적인 연결을 통해서 가능하다고 주장한다. 강한 개념적 사상 이론에 따르면 논쟁을 이해한다는 것은 전쟁을 이해하지 않고는 불가능한 것이다. 그렇다면 우리가 논쟁이라는 개념을 이해하기 위해 늘 전쟁을 떠올려야 하는 것일까? 이는 어쩌면 불필요한 일이며 효율적인 정보 처리를 방해할는지도 모른다. 또한 어떤 경우는 이러한 개념 사이의 연결이 없이도 하나의 개념을 충분히 이해할 수 있다. 이러한 비판에 대응하기 위해 약한 형태의 개념적 사상 이론에서는 논쟁은 문자 그대로의 정의를 갖고 이를 구성하는 하위 혹은 연관 개념들 사이의 관계성을 가지지만, 그 종합적인 의미의 구성은 전쟁이라는 은유에 강한 영향을 받게 된다고 말한다.

그렇다면 개념적 사상 이론을 지지하는 실험 증거들도 있을까? 깁스와 동료들은 사람들이 관용 표현을 이해하는 과정에 개념적 사상이 영향을 주는가를 알아보기 위해 한 실험 연구를 수행했다(Gibbs et al., 1997). 이 실험에서 참가자들은 짧은 글을 하나 읽었는데, 참가자들은 이 글을 읽은 직후 제시되는 문자열의 참/거짓을 판단하는 어휘 판단 과제를 실시했다. 이때 읽었던 글의 마지막 문장과 어휘 판단 과제에 사용된 단어가 은유적으로 관련될 수도 있고 그렇지 않을 수도 있었다. 예를 들어 '분통이 터지다(blow your stack)'라는 관용 표현이 글에 사용되었을 때 관련 조건의 문자열은 '열(heat)'이었고 무관련 조건은 '이끌다(lead)'였다. 사실 '분통이 터지다(blow your stack)'와 '열(heat)'은 문자적으로 보면 하등 관련이 없다. 하지만 개념적 사상 이론에 따르면 분노는 그릇에 담긴 가열된 액체라는 개념과 연결되어 이해되기 때문에 이 관용 표현을 읽으면서 자동적으로 '열(heat)'과 연관된 개념을 떠올리게 된다. 실제로 반응 시간을 비교한 결과, 같은 관용 표현을 읽었을 때 '열(heat)'의 반응 시간이 '이끌다(lead)'보다 더 빨랐다. 이러한 결과는 개념적 사상이 실시간 정보 처리 과정에서도 자동적으로 일어날 수 있음을 시사한다.

개념적 사상 이론에 대한 비판

개념적 사상 이론은 은유 정보 처리가 특별한 수사(修辭) 장치가 아닌 인간의 보편적 사고 과정을 반영한 결과물이라고 주장한다. 그리고 이러한 설명은 은유 정보 처리에 대한 흥미로운 설명을 제공한다. 하지만 이 이론에도 몇 가지 비판의 지점들이 있다. 이 중 두 가지만 간단히 살펴보자.

첫째, 개념적 사상 이론이 순환론적이라는 비판이다. '논쟁은 전쟁이다'라는 은유를 생각해 보자. 논쟁이라는 목표 영역이 전쟁이라는 근원 영역을 통해 이해된다는 것을 어떻게 아는가? 이러한 연결은 언어 사용의 경험을 통해 만들어진다. "그의 날카로운 논박이 정곡을 찔렀다"라는 문장은 어떻게 쓰게 되는가? 그것은 사람들이 논쟁을 전쟁과 관련하여 생각하기 때문이다. 즉 개념적 사상 이론이 제공하는 설명은 논쟁이 전쟁이라는 개념을 통해 이해되어야만 하는 실질적인 이유가 아니라는 것이다.

둘째, 하나의 목표 개념이 여러 개의 근원 영역의 개념과 관련될 수 있다는 점이다. 논쟁은 전쟁을 통해서 이해될 수도 있지만, 때로는 건축과 관련하여 이해되기도 한다. 예를 들어 "너의 주장은 기초부터 잘못되었다", "성공적인 논쟁을 위해서는 먼저 지지대를 굳건히 만든 뒤, 차근차근 쌓아 올려야 한다"와 같은 문장은 논쟁을 전쟁을 통해 이해하기보다는 건축을 통해 이해하는 것 같다. 언뜻 생각하면 하나의 목표 영역이 여러 개의 근원 영역으로부터 정의되는 것은 이해의 깊이나 다양성을 위해 바람직한 측면이 있다고 생각할 수도 있으나, 정보 처리의 효율성을 위해서는 별로 효과적인 방법이 아니다. 하나의 목표 영역을 이해하기 위해서 복수의 근원 영역들이 서로 경쟁한다면 어떻게 되겠는가?

이번 장에서는 은유 정보 처리에 관한 언어학적 설명인 개념적 사상 이론에 대하여 간단하게 살펴보았다. 이어지는 장들에서는 심리학적 관점에서 은유 정보 처리 과정을 어떻게 설명하고 있는지 알아보도록 하자.

참고문헌

Gibbs, R. W. et al.(1997). Metaphor in idiom comprehension. *Journal of Memory and Language, 37*, pp.141~154.

Lakoff, G. & Johnson, M.(1980). *Metaphors we live by*. Chicago, IL: University of Chicago Press.

05
은유의 이해 2: 구조적 유추 접근

개념적 사상 이론이 은유 이해 과정에 대한 인지 언어학적 설명을 제공했지만, 목표 영역의 개념이 어떻게 근원 영역을 통해 설명되는 것인가에 대한 정확한 심리적 기제를 제공하지는 못했다. 은유 정보 처리 과정을 이해하기 위한 언어심리학적 시도 중 하나로 구조적 사상 이론을 살펴보도록 하자.

AI와 아이돌?

목표 영역과 근원 영역의 구조적 유사성

개념적 사상 이론은 목표 영역의 개념은 근원 영역을 통해서만 이해될 수 있다고 했고, 이는 많은 비판을 받았다. 이러한 비판에 대응하기 위해 데드레 겐트너(Dedre Gentner)와 동료들은 은유 정보 처리 과정을 이해하기 위한 구조적 사상 이론(structural mapping theory)을 제안했다(Gentner, 1983).

이 접근에 따르면 목표 영역과 근원 영역의 개념은 독립적으로 표상된다. 목표 영역의 개념이 근원 영역의 개념을 통해서만 이해될 수 있는 것은 아니다. 이렇게 독립적으로 표상된 두 영역은 구조적으로 유사한 측면들끼리 서로 연결될 수 있다. 서로 관련이 없어 보이는 두 개념(혹은 영역) 사이의 관련성 혹은 유사성을 찾는 과정이 곧 은유 정보 처리이고, 이러한 이유로 구조적 사상 이론을 유추적 추론 접근으로 부르기도 한다.

구조적 사상 이론에서 흥미로운 점은 두 개념 사이의 관련성을 찾을 때 개념 간 속성의 유사성뿐만 아니라 관계의 유사성도 중요하게 고려한다는 점이다. 예를 들어 '꿈은 씨앗이다'라는 은유를 생각해 보면 둘 다 현재 눈에 잘 보이지 않고, 자라거나 이루었을 때 큰 성취가 된다는 속성이 유사하기도 하지만, 씨앗도 뿌리는 사람이 있고,

꿈도 꾸는 사람이 있으며, 씨앗이 열매가 되고 꿈이 현실이 되었을 때 꿈을 가진 사람과 씨앗을 뿌린 농부가 모두 큰 성취감을 맛본다는 측면에서 두 개념이 각각 다른 대상과의 관계가 유사하기도 하다. 겐트너와 동료들은 이러한 생각을 바탕으로 은유 정보 처리에서 구조적 사상을 모사하는 컴퓨터 시뮬레이션 모델인 구조 사상 엔진(structure mapping engine)을 제작했다(Falkenhainer et al., 1989). 이 모델에 따르면 목표 영역과 근원 영역의 개념들 사이의 속성의 일치(alignment)보다는 각 개념이 다른 대상들과 이루는 관계의 일치가 효과적인 은유 정보 처리를 가능하게 만드는 중요한 요소다.

구조적 사상 이론을 지지하는 실험 증거

겐트너와 동료들에 따르면 은유 정보 처리를 할 때 목표 영역과 근원 영역 개념들이 다른 대상들과 맺고 있는 관계의 유사성을 중요하게 생각한다. 겐트너와 클레멘트는 이러한 주장을 검증하기 위해 참가자들에게 여러 개의 은유에 사용되는 개념들의 특징을 기술하게 했다. 예를 들어 '담배는 시한폭탄이다'라는 은유라면, 담배와 시한폭탄이라는 단어를 각각 따로 제시한 뒤 각각의 특징을 자유롭게 기술하게 한다. 그 뒤 은유의 형태로 제시하고 그 의미가 무엇인지 기술하게 한 다음, 이 문장이 얼마나 은유적인지, 그리고 은유로서 얼마나 적합한지를 평가하도록 했다.

연구 결과, 사람들은 각 개념에 대해 기술할 때 속성과 관계를 다양하게 기술했지만, 은유의 해석을 할 때는 관계 중심의 기술에 의해 해석하는 경우가 대부분이었으며, 각 개념을 관계를 중심으로 기술할수록 그 은유를 더 적합하다고 평가했다(Gentner & Clement, 1988). 이러한 연구 결과는 은유 정보 처리에서 목표 영역과 근원 영역 개념들의 관계적 일치도가 중요한 요인임을 시사한다.

일반적으로 은유 정보 처리는 근원 영역에서 목표 영역으로 정보의 전이가 일어난다고 볼 수 있다. 그래서 보통 목표 영역과 근원 영역을 거꾸로 쓰면 의미가 이상해지는 경우가 많다. 예를 들어 어느 가구 회사의 광고 카피에 사용된 은유인 '침대는 과학이다'라는 은유를 '과학은 침대다'라고 바꾸면 그 의미를 이해하기 너무 어려워진다. 그런데 구조적 사상 이론에서는 목표 영역과 근원 영역 개념의 일치 정도를 처리하는 과정이 어느 정도까지는 대칭적일 수 있다고 주장한다. 겐트너와 동료들은 이 부분을 검증하기 위해 한 연구를 수행했다. 이 연구에서는 세 조건이 있었는데 근원 영역 제시 조건(예, '____는 과학이다'), 목표 영역 제시 조건(예, '침대는 ____이다'), 그리고 통제 조건이었다. 각 조건의 자극은 매우 짧게 제시되었고, 곧바로 '침대는 과학이다'라는 은유 표현이 제시되었는데, 이에 대한 정보 처리 속도가 세 조건에서 차이가 있는지 비교했다. 연구 결과, 통제 조건에 비해 앞의 두 조건에서 모두 은유 정보 처리의 속도가 촉진되었다(Gentner & Wolff, 1997). 은유 정보 처리에 관한 일반적인 생각에 따르면 근원 영역을 제시하는 조건이 목표 영역을 제시하는 조건에 비해 은유 정보 처리에 더 큰 도움을 주어야 한다. 하지만 실험 결과에서는 두 조건에서 차이가 나지 않았다. 이는 적어도 은유 정보 처리 초기, 즉 두 대상의 관계 혹은 속성의 사상 여부를 확인하는 단계에서는 두 영역의 정보가 대칭적으로 활성화됨을 시사한다(이에 대한 반대 증거에 관해서는 Glucksberg et al., 1997 참조).

구조적 사상 이론과 개념적 사상 이론

지금까지 구조적 사상 이론에 관하여 간단히 살펴보았는데, 목표 영역과 근원 영역을 사상(매핑)한다는 측면에서 두 이론은 매우 비슷한 점이 많은 것으로 보인다.

일각에서는 개념적 사상 이론은 구조적 사상 이론의 특별한 경우 정도에 지나지 않는다고 주장하기도 한다(Gentner & Bowdle, 2008). 이들은 구조적 사상 이론의 구조 사상 엔진 모형을 통해 개념적 사상 이론에서 제안하는 원리들을 설명할 수 있다고 제안한다. 즉 두 영역의 개념들의 유사성을 확인하여 매핑하는 과정은 본질적으로 동일하다는 것이다.

하지만 개념적 사상 이론을 주장하는 연구자들은 목표 영역과 근원 영역의 사상은 인지적 자원을 전혀 사용할 필요 없는, 자동적인 정보 처리 과정이라고 주장한다(Lakoff, 1993). 왜냐하면 목표 영역과 근원 영역의 연결은 아주 어린 시절부터의 경험을 통해 체화되어 있기 때문이다. 따라서 은유 이해를 위해 구조 사상 엔진 모형에서 제안하는 것과 같은 계산 과정이 필요한 것이 아니다. 문제는 개념적 사상 이론은 구조적 사상 이론과는 달리, 인지심리학적인 계산 모형에 기반하고 있지 않다는 점이다. 그래서 실험적으로나 모델링 기법을 통해 개념적 사상 이론의 주장을 검증하는 것이 쉬운 일이 아니다. 이 딜레마를 해결하는 것이 쉬운 일은 아니지만, 이를 이해하는 한 가지 방법은 은유의 관습화 정도를 고려하는 것이다. 관습화 정도가 큰 은유는 개념적 사상 이론에서 제안하는 것처럼 목표 영역과 근원 영역 사이의 매핑을 위한 인지적 자원이 필요하지 않지만, 새로운 은유나 덜 관습적인 은유는 구조적 사상 이론에서 제안하는 것과 같은 계산 과정이 필요할 것이다.

참고문헌

Falkenhainer, B. et al.(1989). The structure-mapping engine: Algorithm and examples. *Artificial Intelligence, 41*, pp.1~63.

Gentner, D.(1983). Structure-mapping: A theoretical framework for analogy. *Cognitive Science, 7*(2), pp.155~170.

Gentner, D. & Bowdle, B.(2008). Metaphor as structure-mapping. In R. W. Gibbs, Jr.(ed.), *Cambridge handbook of metaphor and thought*(pp.109~128). New York, NY: Cambridge University Press.

Gentner, D. & Clement, C.(1988). Evidence for relational selectivity in the interpretation of analogy and metaphor. In G. H. Bower(ed.), *Advances in the psychology of learning and motivation*(Vol. 22, pp.307~358). New York, NY: Academic Press.

Gentner, D. & Wolff, P.(1997). Alignment in the processing of metaphor. *Journal of Memory and Language, 37*, pp.331~355.

Glucksberg, S. et al.(1997). Property attribution in metaphor comprehension. *Journal of Memory and Language, 36*, pp.50~67.

Lakoff, G.(1993). The contemporary theory of metaphor. In A.

Ortony(ed.), *Metaphor and thought*(2nd ed., pp.202~252). Cambridge, UK: Cambridge University Press.

06
은유의 이해 3: 범주화 접근

은유 정보 처리의 이해를 위한 두 번째 주요한 언어심리학적 이론인 범주화 접근을 살펴보도록 하자. 은유 이해를 위한 범주화 접근은 구조적 사상 이론과는 전혀 다른 방식으로 목표 영역과 근원 영역의 연결을 시도한다. 범주화 접근에서 말하는 이중 지시 개념을 이해하고 구조적 사상 이론과는 어떤 측면에서 분명한 차이가 있는지 생각해 보자.

AI와 야구?

이중 지시

은유 정보 처리에 대한 범주화 접근을 이해하기 위해서는 이중 지시라는 개념을 이해할 필요가 있다. 은유 정보 처리의 범주적 접근을 주장하는 연구자들은 문자 의미에서 어떤 개념들을 서로 비교할 때 같은 수준에서 비교를 수행한다고 말한다(Glucksberg & Keysar, 1990). 예를 들어 야구는 크리켓이나 축구와 비교 대상이 되지, 야구를 스포츠와 비교하지는 않는다. 그러나 은유 정보 처리에서는 근원 영역이 두 개의 의미를 가진다. 예를 들어 '야구는 드라마다'라는 은유를 살펴보자. 이러한 은유 표현에서 근원 영역에 해당하는 드라마는 두 개의 범주가 활성화된다. 먼저 문자 그대로 드라마의 의미, 즉 텔레비전 등의 방송 매체를 통해 배우들의 연기로 이루어진 극이라는 의미, 그리고 둘째로 비유적이면서도 상위의 의미, 즉 인생의 희로애락과 관련된 극적인 사건이나 상황 전체를 가리키는 의미다. 이러한 상위 범주에서는 드라마가 이 범주 안의 예시가 된다. 정리하면 범주화 접근에서는 은유 정보 처리 시 근원 영역의 개념은 기본 수준과 상위 수준을 이중으로 지시하게 된다는 것이다.

'야구는 드라마다' 은유로 다시 돌아가 보자. 범주화 접근에 따르면 우리가 이 은유를 잘 이해할 수 있는 이유는 다음과 같다. 드라마라는 근원 영역의 개념은 두 개의 범주를 활성화한다. 기본 범주(문자 의미)인 극으로서의 드라마와 상위 범주인 극적인 상황이나 사건을 표현하는 어떤 것으로서의 드라마의 의미가 모두 활성화되고, 야구라는 목표 영역의 개념은 이 상위 범주의 하나의 예시가 되는 것이다. 야구가 드라마라는 범주의 하나의 예시로 이해되는 것이 바로 범주화 접근의 요지다.

범주화 접근을 지지하는 실험 증거

범주화 접근은 과연 인간의 은유 정보 처리 과정을 제대로 설명하는 것일까? 이에 대한 실험적 증거를 글룩스버그와 동료들이 제시했다. 범주화 접근에 따르면 은유는 기본적으로 목표 영역과 근원 영역을 거꾸로 쓸 수 없다. 왜냐하면 근원 영역이 상위 범주에, 목표 영역이 그 용례에 해당하기 때문이다. 사과는 과일의 예이지만, 과일이 사과의 예일 수는 없다. 그래서 야구는 드라마이지만, 드라마는 야구가 아니다. 글룩스버그와 동료들의 실험으로 가 보자. 이들은 연구 대상자들에게 'A는 B다(혹은 ~와 같다)' 형태의 세 가지 종류의 문장을 A-B 순서와 B-A 순서로 제시하고, 이 문장들이 얼마나 이해가 되는지 평가하게 하고 제시된 문장과 같은 의미는 다른 문장을 써 보라고 했다. 첫 번째는 은유 문장, 두 번째는 직유 문장, 세 번째는 문자 의미를 가진 비교 문장이었는데, 은유 문장은 "그의 집주인은 흡혈귀다", 직유 문장은 "그의 집주인은 흡혈귀 같다", 문자 의미 문장은 "그의 강아지는 고양이 같다"였다. 이러한 세 종류의 문장을 그대로, 그리고 거꾸로 제시했다. 연구 결과, 문자 의미를 가진 비교 문장은 거꾸로 제시해도 의미 이해에 큰 어려움이 없다고 보고했으나, 비유 표현은 거꾸로 제시할 경우 이해에 큰 어려움이 있다고 평가했다(Glucksberg et al., 1997).

그러면 은유와 직유는 동일한 정보 처리 기제가 사용되는 것일까? 범주화 접근에 따르면 그렇지 않다. 은유는 목표 영역이 근원 영역의 기본 범주와 연결될 뿐만 아니라 상위 범주의 예시가 될 수 있지만, 직유에서는 이러한 이중 지시가 작동하지 않기 때문이다. 예를 들어 '변호사는 상어다'라는 은유를 '변호사는 상어와 같다'라는 직유 표현으로 쓰면 더 이상 이중 지시가 되는 것이 아니라, 동물로서의 상어와 변호사가 연결된다. 이렇게 될 경우, '변호사는 돈을 잘 버는 상어와 같다'라는 표현은 어색하게 된다. 왜냐하면 동물 상어가 돈을 잘 벌 수는 없기 때문이다. 상어를 상위 범주로 해석해야만 돈을 잘 버는 상어가 의미적으로 자연스러워진다. 실제 연구 결과에서도 '변호사는 돈을 잘 버는 상어다'와 '변호사는 돈을 잘 버는 상어와 같다'를 비교하면 직유보다는 은유가 더 이해가 잘되며, 은유 표현을 더 빠르게 읽었다 (Traxler, 2023).

이러한 결과는 5장에서 다루었던 구조적 사상 이론으로는 설명할 수 없다. 구조적 사상 이론에서는 목표 영역과 근원 영역의 속성이나 관계적 특징들이 활성화되고 이들의 일치 여부가 은유 정보 처리의 중요한 요인인데, 그렇다면 은유와 직유가 큰 차이가 날 이유가 없다. 하지만 연구 결과들이 은유와 직유가 이러한 차이를 보이는 것으로 나타났다는 것은 은유 정보 처리를 범주화 접근이 조금 더 잘 설명한다고 볼 수 있다.

범주화 접근의 계산 모형

글룩스버그와 동료들은 은유 정보 처리의 심리적 과정을 이론적으로 설명하기 위해 중요한 연구 결과를 제시하며 범주화 접근을 제안했지만, 이 접근의 작동 기제를 특별한 모형으로 발전시키지는 않았다. 따라서 범주화 접근에는 모호함이 있다. 예를 들어 변호사는 왜 기본 수준의 (빠르고, 지느러미가 있고, 이빨이 날카롭고, 아가

미가 있는) 동물 상어가 아닌 보다 비유적인 포식자 일반의 (잔인하고, 포식성이 있으며, 공격적이고, 집요한) 상어 범주에 연결되는가? 무엇이 상위 수준의 범주이고 무엇이 기본 수준의 속성인지는 어떤 기제에 의해 결정되는가?

킨치(Kintsch, 2000)는 범주화 접근에서 설명하는 이중 지시가 어떤 기제를 통해서 이루어지는지를 계산 모형을 통해 제안했다. 지면의 한계로 이 모형을 자세히 설명할 수는 없지만, 간단하게 소개하면 다음과 같다. 예를 들어 '변호사는 상어다'라는 은유를 본다면, 첫 번째 단계에서는 변호사와 상어라는 의미 공간(semantic space)의 안정적인 벡터가 활성화되고, 동시에 근원 영역의 개념인 상어와 관련된 단어들로 활성화 확산(spreading activation)이 일어난다. 두 번째 단계에서는 활성화된 단어들 중 변호사와 상어 모두와 관련된 연관어들의 교차 집합이 선택되고, 마지막으로 변호사와 상어의 초기 안정 벡터와 교차 집합이 결합되어 새로운 벡터가 만들어지는데, 이 과정이 결국 은유 이해의 과정인 것이다. 잔인하다는 특성은 변호사와 상어가 공통으로 가지고 있기 때문에 이러한 은유를 통해 변호사에 대한 안정 벡터는 변화하게 되는데 상어의 다른 속성, 예를 들어 물에서 산다는 속성은 변호사의 새로운 벡터에 포함될 수 없다. 이는 이 속성이 변호사의 기존 속성과 연관된 교차 집합의 원소가 아니기 때문이다.

실제로 이 계산 모형은 글룩스버그와 동료들이 보고한 다양한 실험 연구 결과를 잘 설명할 수 있으며, 범주화 접근의 작동 기제를 설명하는 중요한 모형임에 틀림없다(Holyoak & Stamenković, 2018).

참고문헌

Glucksberg, S. & Keysar, B.(1990). Understanding metaphorical comparisons: Beyond similarity. *Psychological Review, 97*, pp.3~18.

Glucksberg, S. et al.(1997). Property attribution in metaphor comprehension. *Journal of Memory and Language, 36*, pp.50~67.

Holyoak, K. J. & Stamenković, D.(2018). Metaphor comprehension: A critical review of theories and evidence. *Psychological Bulletin, 144*(6), pp.641~671.

Kintsch, W.(2000). Metaphor comprehension: A computational theory. *Psychonomic Bulletin & Review, 7*, pp.257~266.

Traxler, M. J.(2023). *Introduction to psycholinguistics: Understanding language science(2nd ed.)*. Wiley Blackwell. 최원일 외 역(2024). 《언어심리학: 언어과학의 이해》. 학지사.

07
은유의 이해 4: 은유의 경력 가설

은유 정보 처리 과정을 심리학적으로 이해하려는 시도로서 구조적 사상 이론과 범주화 접근을 두 장에 걸쳐서 살펴보았다. 두 입장은 오랜 세월에 걸쳐 대립하며 각각 진화해 왔는데, 여느 경우와 마찬가지로 화해와 타협을 시도해 봄 직도 하다. 이러한 타협의 결과가 바로 은유의 경력 가설이다. 은유의 경력 가설을 소개하고, 이러한 타협이 과연 성공적인지도 검토해 보자.

AI와 윤동주?

은유 정보 처리의 두 관점

4장부터 6장까지 우리는 은유 정보 처리와 관련된 세 가지 접근을 살펴보았고, 그중 5장과 6장에서는 사람들이 은유를 어떻게 이해하는가와 관련된 심리학적 입장을 검토했다. 이 두 관점의 차이를 하나의 은유를 통해 정리해 보자. 앞서도 소개한 적이 있는 은유인 '침대는 과학이다'를 살펴보자. 이 은유는 한 침대 회사 제품의 광고 카피로 1990년대 초반에 처음 사용되었다. 당시에는 참 새로운 은유였고, 또 엄청난 반향을 일으킨 은유였기도 하다. 그런데 그 파급력이 얼마나 컸던지, 이 침대 회사는 2025년 광고에도 이 카피를 여전히 사용하고 있다.

구조적 사상 이론 관점에서 이 은유가 어떻게 이해되는가를 살펴보면, 목표 영역의 개념인 침대와 근원 영역의 개념인 과학의 속성과 각 개념이 다른 대상들과 맺는 관계들이 나열된다. 예를 들어 침대도 만드는 목수가 있고, 과학도 실험을 하거나 연구를 하는 과학자가 있다. 침대를 통해 사람들은 편안히 잠자리에 들 수 있고, 과학을 통해 사람들은 세상의 이치를 깨닫고 편리한 삶을 영위할 수 있다. 좋은 침대를 제작하기 위해서는 다양한 부속품들이 잘 조립되어야 하며, 좋은 과학 연구 역시 다양한 세부 과정들이 체계적으로 이루어져야 한다. 좋은 침대와 좋은 과학 모두 최고의 사람들, 최고의 도구가 필요하다. 더 많은 예를 들 수 있지만, 여기까지만 하겠다. 이와 같은 특징들이 빠른 속도로 활성화되고, 이것들이 서로 일치하는가를 계산한다. 계산 결과 일치도가 높으면 아주 좋은 은유이고, 쉽게 이해가 된다.

범주화 접근에서는 이 은유 이해를 위해 전혀 다른 정보 처리 과정을 제안한다. 먼저 침대와 과학이라는 개념의 가장 안정된 의미 특질이 활성화된다. 침대는 잠, 가구 등과 관련된 의미가, 과학은 실험, 이론, 자연의 이치 등과 관련된 의미가 활성화될 것이다. 그리고 이를 바탕으로 의미 수준에서 광범위한 활성화 확산이 일어날 것이다. 여기서 활성화를 공유하는 교집합이 만들어지고, 이를 바탕으로 침대는 과학의 포괄적이고 비유적인 범주의 한 예시가 될 수 있다. 즉 이 명제가 쉽게 은유적으로 이해될 수 있는 이유는 '침대'를 과학이 지시하는 상위 범주 안의 하나의 예시로 이해하는 정보 처리 과정 때문이다. 우연인지는 몰라도 이 문구를 창안했던 카피라이터는 범주화 접근을 이미 내재화하고 있었던 사람일는지도 모른다. 왜냐하면 이 광고 문구의 앞부분은 바로, '침대는 가구가 아닙니다'이기 때문이다. 침대를 가구라는 범주가 아닌 과학이라는 범주에 넣는 일이야말로 범주화 접근에서 제안하는 은유 이해의 본질이 아닌가(최원일, 2023)?

이 두 관점은 자신의 연구 집단의 이론을 지지하는 경험 연구 결과를 앞다투어 내놓으며 치열한 이론적 공방을 펼쳤다. 이러던 와중에 구조적 사상 이론의 수장 격인 데드레 겐트너(Dedre Gentner)가 은유의 경력 가설이라는 타협안을 제시한다(Bowdle & Gentner, 2005).

은유의 경력 가설

은유를 연구하는 학자들이 붙인 이름이라 가설 자체도 은유적이다. 은유가 경력을 가진다는 것이다. 신입 사원으로 회사를 들어갔을 때 업무를 대하는 방식이나 태도와 경력이 쌓여 임원이 된 뒤 업무를 대하는 방식이나 태도는 분명 차이가 있다. 몇 년 전 인기리에 방영되었던 드라마 〈송곳〉의 한 등장인물의 말마따나 서는 곳이 달라지면 풍경이 변하는 법이다.

은유의 경력 가설에서는 은유 정보 처리도 이와 비슷하다고 주장했다. 처음 만들어진 은유와 이미 관습화된 은유는 사람들이 처리하는 방식이 다를 수밖에 없고, 이렇게 은유 정보 처리에 동적인 특성을 부여하면 치열하게 대립하는 두 입장이 서로 극적인 화해를 할 수도 있다. 보우들과 겐트너(Bowdle & Gentner, 2005)에 따르면 새로운 은유를 이해할 때는 구조적 사상 이론에서 주장하듯이 목표 영역과 근원 영역 개념의 비교와 유추 과정이 반드시 필요하지만, 해당 은유가 자주 사용되어 충분히 관습화되면 목표 영역의 개념을 곧바로 근원 영역의 상위 범주의 예시로 이해하는 범주화 과정에 따라 은유가 이해된다는 것이다. 1993년 '침대는 과학이다' 광고가 처음 세상에 나왔을 때는 구조적 사상 이론이, 지금 2025년에 등장한 광고를 볼 때는 범주화 접근이 이 은유를 이해하는 데 더 적합하다는 것이다.

과연 실험적 증거도 이러한 은유의 경력 가설을 지지할까? 보우들과 겐트너가 보고한 평정 연구 결과는 그런 것처럼 보인다. 이 연구에서 연구 대상자는 은유 혹은 직유 표현을 보고 각 표현이 얼마나 자연스럽고 이해가 잘 되는지 1점에서 10점 사이로 점수를 매겼다. 이 연구에서는 두 개의 변수가 있었는데, 하나는 은유의 관습화 정도였고, 다른 하나는 제시 형태였다. 관습화 정도에 따라 한 수준은 새로운 은유(예, 마음은 부엌이다), 다른 수준은 관습적 은유(예, 신념은 닻이다)였고, 제시 형태는 은유 또는 직유의 형태(예, 마음은 부엌이다/마음은 부엌과 같다)였다. 은유의 경력 가설에 따르면, 직유의 형태를 사용하면 목표 영역과 근원 영역의 비교 혹은 유추를 더욱 촉진하게 되고, 이는 구조적 연결을 자연스럽게 사용하도록 만드는 효과가 있다. 반대로 은유의 형태로 제시되면 범주화 접근을 더 자연스럽게 사용할 것이다. 평정 결과, 덜 관습화된 비유는 직유의 형태로 제시되었을 때가, 관습화된 비유는 은유의 형태로 제시되었을 때가 더 자연스럽고 이해가 잘된다고 응답했다. 따라서 이 결과는 은유의 경력 가설을 지지한다고 볼 수 있다. 이 정도면 은유 정보 처리를 설명하는 두 입장이 극적인 타협에 이르렀다고 볼 수 있지 않을까? 1993년의 TV 시청자들은 '침대는 과학'이라는 은유를 이해하기 위해 구조적 매핑을, 2025년의 (1993년부터 이 광고를 계속 보아 온) TV 시청자들은 범주화를 사용할 수 있는 것이다.

은유의 경력 가설에 대한 비판

이렇게 아름다운 마무리가 되었다면 얼마나 좋을까? 겐트너가 한 발 양보하여, 두 입장을 절충적으로 종합한 가설을 내놓았다면, 글룩스버그도 이에 화답하여 논의를 마무리할 수도 있었을 텐데, 안타깝게도 하지만 바람직하게도, 과학자라면 그렇게 대충 타협하고 넘어갈 수는 없다. 범주화 접근을 주장하는 학자들은 은유의 경력 가설을 지지하는 경험 연구 결과가 가지고 있는 문제점을 지적하며 이를 검증하고자 했다.

보우들과 겐트너의 연구에서 조작한 관습화 정도라는 변수는 그 안에 적합도라는 혼입 변인이 있을 수 있다. 즉 관습화가 덜 된 새로운 은유는 그저 새롭기만 한 것이 아니라 좋은 은유로서의 적합도도 떨어질 수 있다는 것이다. 보우들과 겐트너의 연구에서 사람들이 덜 관습화된 새로운 은유를 직유의 형태로 쓰는 것을 더 자연스럽다고 평정한 이유는 그 표현이 관습화가 덜 되었기 때문이 아니라, 적합도가 떨어지기 때문일 수 있다. 이러한 가설을 검증하기 위해 한 연구에서 연구 참여자들에게 관습화 정도가 처치된 두 은유를 제시하되, 두 은유의 적합도가 같도록 잘 통제하면, 그 표현의 제시 형태가 직유든 은유든 정보 처리에서 차이를 나타내지 않았다(Glucksberg & Haught, 2006; Jones & Estes, 2005). 그리고 어떤 경우는 새로운 표현이 은유의 형태일 때가 직유의 형태로 제시될 때보다 이해도가 높다는 결과가 나오기도 했다. 이러한 연구 결과는 관습화에 따라 은유 정보 처리가 질적으로 다르게 나타난다는 은유의 경력 가설과 배치된다(최원일, 2023).

뇌 영상 연구 결과 역시 은유의 경력 가설을 지지하지 않는 것으로 보인다. 우리가 다음 장에서 은유 정보 처리의 뇌 과학에 관하여 살펴보겠지만, 은유 정보 처리와 연관된 대뇌 표상을 알아보는 연구에서 'A는 B다' 형태의 은유 표현을 이해할 때는 측두엽(temporal cortex)과 하측 전두회(inferior frontal gyrus), 그리고 작업 기억과 관련된 배외측 전전두 피질(dorsolateral prefrontal cortex, DLPFC)의 활성화가 큰 것으로 나타났다(Bohrn et al., 2012). 이 영역들은 의미 정보를 인출하고 인출된 정보를 선택하는 것과 관련된 뇌 영역들이다. 만약 이러한 형태의 명사적 은유를 이해할 때 구조적 사상 이론에서 주장하듯이 두 개념 사이의 비교와 유추가 활발히 일어난다면 기존 연구에서 알려진 바대로 좌뇌의 전외측 전전두 피질(rostrolateral prefrontal cortex, RLPFC)이 많이 활성화되었어야 한다. 하지만 이러한 결과는 나타나지 않았다. 그리고 은유의 경력 가설을 뇌 과학적으로 검증하기 위해 수행된 카르딜로와 동료들(Cardillo et al., 2012)의 연구에 따르면 좌뇌 전외측 전전두 피질의 활성화 정도가 관습화 정도에 따라 조율된다는 뇌 영상 결과를 발견할 수 없었다. 이 연구에서는 관습화가 덜 된 새로운 은유를 처리할 때 우반구의 여러 영역이 전반적으로 더 많이 활성화되는 양상을 나타냈다.

은유의 경력 가설은 은유 정보 처리를 설명하기 위해 구조적 사상 이론과 범주화 접근을 효과적으로 통합하려는 시도를 했다는 측면에서 의미를 부여할 수 있지만, 이 가설이 실험적으로 얼마나 잘 검증되었는지에 대해서는 미지수다. 타협의 시도가 적어도 현재까지는 아주 성공적인 것 같지 않지만, 더 많은 경력이 쌓인다면(연구 결과가 축적된다면) 좀 더 발전된 은유의 경력 가설을 볼 수 있을 것으로 기대한다.

참고문헌

최원일(2023). 은유 정보 처리의 인지과학. https://horizon.kias.re.kr/26427

Bohrn, I. C. et al.(2012). Looking at the brains behind figurative language—A quantitative meta-analysis of neuroimaging studies on metaphor, idiom, and irony processing. *Neuropsychologia*, *50*, pp.2669~2683.

Bowdle, B. F. & Gentner, D.(2005). The career of metaphor. *Psychological Review*, *112*, pp.193~216.

Cardillo, E. R. et al.(2012). From novel to familiar: Tuning the brain for metaphors. *NeuroImage*, *59*, pp.3212~3221.

Glucksberg, S. & Haught, C.(2006). On the relation between metaphor and simile: When comparison fails. *Mind & Language*, *21*, pp.360~378.

Jones, L. L. & Estes, Z.(2005). Metaphor comprehension as attributive categorization. *Journal of Memory and Language, 53*, pp.110~124.

08
은유의 뇌 과학

앞에서 우리는 인간이 은유 표현을 어떻게 이해하는가에 대한 언어학 및 심리학적 설명을 살펴보았다. 학문의 영역이 보통 그러하듯 명확하고 분명한 답을 찾았다기보다는 뭔가 풀어내야 할 문제가 더 많아진 것 같아 안타깝지만 어쩔 수 없는 노릇이긴 하다. 이제 관심을 뇌로 돌려 보자. 우리가 은유를 이해할 때 우리의 뇌는 무슨 일을 하고 있을까?

AI와 한의학?

뇌 손상 연구와 우반구 가설

심리학과 인지신경과학 분야의 위대한 발견들은 많은 경우 뇌 손상 환자들에게 큰 빚을 지고 있다(예, Broca, 1861; Squire & Wixted, 2011). 은유 정보 처리에 관해서도 마찬가지다. 위너와 가드너는 미국 보스턴 지역에 거주하는 다양한 오른손잡이 뇌 손상 환자 70여 명을 대상으로 이들이 은유 정보 처리에서 어떤 특징을 보이는가를 알아보았다(Winner & Gardner, 1977). 이 환자들은 은유 표현을 듣고 그 의미에 맞는 그림을 고르는 과제를 수행한 뒤, 그 은유가 무엇을 의미하는지 말로 설명하는 과제를 이어서 수행했다. 이들은 아주 흥미로운 결과를 얻었는데, 좌반구가 손상된 환자들은 은유 표현을 듣고 맞는 그림을 고르는 과제를 잘 못하고, 이를 말로 설명하는 과제는 잘 수행한 반면, 우반구가 손상된 환자들은 은유 표현을 듣고 이를 표현하는 그림을 제대로 골라내지 못했지만, 그 의미를 말로는 잘 설명할 수 있었다. 이러한 결과를 통해 저자들은 언어 정보 처리는 좌반구에서 주로 이루어진다고 알려진 기존의 생각에 물음을 던지며, 비유 언어 정보 처리는 좌반구가 아닌 우반구에서 처리된다는 우반구 가설(right hemisphere hypothesis)을 제안했다.

이러한 연구 결과가 매우 흥미롭긴 하지만, 추후에 이루어진 뇌손상 환자 연구 결과에서는 우반구 가설은 지지받지 못했다. 브라우넬과 동료들은 좌반구 손상 환자들보다 우반구 손상 환자들이 은유 관련 과제를 더 못하는 것이 은유 정보 처리의 문제이기보다는 은유와 그림을 매칭하는 부분에서 어려움을 겪기 때문이라고 주장했다(Brownell et al., 1990). 실제로 위너와 가드너의 연구 결과에서도 우반구 손상 환자들이 은유 표현을 언어로 설명하는 과제는 잘 수행했다. 이는 은유 정보 처리 자체가 우반구에서 이루어진다는 주장과는 배치된다.

우반구 가설과 뇌 영상 연구

문자 의미는 좌반구에서, 은유를 비롯한 비유 의미는 우반구에서 처리된다는 우반구 가설은 초기의 뇌 영상 연구들의 지지를 받았다. 뇌 손상 연구에서는 환자들을 대상으로 연구가 이루어지지만, 뇌 영상 연구는 주로 뇌 손상이 없는 건강한 사람을 대상으로 연구가 수행된다. 그래서 더 쉽게 자료를 모을 수 있고, 일반화 가능성도 더 크다.

이번 장에서는 뇌 영상 연구 결과들을 많이 소개해야 하니까 아주 간단하게 뇌 영상 연구의 원리를 알아보자.

우리의 뇌는 안타깝게도 에너지를 저장할 수 있는 공간이 없다. 그래서 뇌가 일을 해야 할 때는 피에 있는 산소를 공급받아 에너지원으로 사용해야 한다. 만약 뇌의 특정 영역에서 일을 해야 한다면 해당 영역으로 피를 보내줘야 하고, 조건에 따라 얼마나 많은 혈류가 해당 영역으로 이동했는가를 비교해 보면 어떤 조건에서 어떤 뇌 영역이 더 많이 활성화되었는가를 알아볼 수 있다. 이것을 어떻게 측정할 수 있는가는 너무 복잡한 이야기들을 해야 하기 때문에 넘어가도록 하자. 그저 인간이 엄청난 자기력을 가진 거대한 자석 통에 들어가서 과제를 수행할 때 뇌에서 나타나는 혈류 흐름의 미세한 차이를 분석하는 기술을 이용한다고만 기억하자.

초기 뇌 영상 연구 결과에서는 건강한 연구 대상자들이 은유 문장을 읽을 때 뇌에서 어떤 일이 일어나는가를 살펴보았다. 이 연구에서는 은유 의미 문장과 문자 의미 문장을 제시하고 참가자들은 이 문장들이 문자 그대로 의미가 있는지를 판단했다. 이때 좌반구보다는 우반구에서 더 많은 혈류 변화가 나타났고, 이는 우반구 가설을 지지하는 결과다(Bottini et al., 1994).

그러나 최근에 수행된 뇌 영상 연구 결과는 우반구 가설을 지지하지 않는 경우가 많았다. 일본어로 수행된 한 연구에서는 연구 대상자들에게 은유 의미 문장(예, 교육은 계단이다), 문자 의미 문장(예, 돌고래는 동물이다), 의미가 잘 이해되지 않는 문장(예, 가위는 개다)을 각각 21개씩 제시하고 각 문장을 이해했으면 버튼을 누르도록 요구했다. 연구 결과, 은유 의미 문장이 반응 시간이 가장 길었고, 다른 조건과 비교했을 때, 우반구가 아닌 좌반구의 하측 전두 피질(inferior frontal cortex)과 내측 전두 피질(medial frontal cortex)에서 더 많은 활성화가 나타났다(Shibata et al., 2007). 이러한 결과는 우반구 가설과 정반대의 결과이고, 유사한 연구들에서도 은유 의미와 문자 의미의 정보 처리 시 뇌 활성화를 비교하면 좌반구에서 유의미한 차이가 나타나고 우반구에서는 큰 차이가 없는 결과를 보였다(Traxler, 2023). 이러한 결과는 더 이상 은유 정보 처리에 관한 우반구 가설이 경험적으로 지지되지 않는다는 것을 보여 준다.

점진적 현저성 가설

우반구 가설이 실험 연구 결과의 지지를 받지 못한다면 은유 정보 처리 시의 뇌 활성화와 관련하여 어떤 설명이 좋을까? 왜 어떤 연구에서는 은유 정보 처리 시 우반구가 더 많이 활성화되고, 다른 연구에서는 좌반구가 더 많이 활성화될까? 은유 정보 처리에 대한 일관되지 않은 신경과학 연구 결과를 설명하기 위해 제안된 한 가설은 점진적 현저성 가설(graded salience hypothesis)이다. 이 가설에 따르면 인간의 단어 정보 처리와 관련하여 두 반구는 다른 방식으로 일하고 있다. 좌반구는 어휘의 의미가 명확하고 잘 정의된 상태로 표상되어 있지만, 우반구는 훨씬 성긴 표상을 가지고 있다. 그래서 어떤 어휘 의미에 관하여 좌반구에서는 명확한 연결을 가지는 의미들이 강하게 활성화되지만, 우반구에서는 덜 촘촘한 연결을 가지는 의미들이 약하지만 다양하게 연결될 수 있다. 이러한 가정을 받아들인다면, 새로운 은유를 이해할 때 인간의 뇌에서는 어떤 일이 일어날까? 좌반구는 이미 잘 구조화된 의미망이 강하게 활성화되기 때문에 서로 관련 없는 두 개념을 연결해야 하는 은유 표현을 이해하기 쉽지 않다. 반면에 우반구는 큰 관련 없는 단어들도 약하지만, 연결이 되어 있을 가능성이 크기 때문에 새로운 은유를 이해하는 데 더 적절할 수 있다. 그렇다면 이러한 점진적 현저성 가설은 실험 연구 결과로부터 지지를 받을 수 있을까?

마샬과 동료들은 점진적 현저성 가설을 검증하고자 한 연구를 수행했다. 실험 참가자들에게 단어 쌍을 제시하고 이 쌍들이 서로 문자 의미상 관련이 있는지, 은유 의미상 관련이 있는지, 아니면 아무 관련이 없는지 판단하게 했다. 이때 중요한 비교 조건은 새로운 은유[예, 불타는 거짓말(burning lie)]와 관습적 은유[예, 방어선(defense line)] 조건이었다. 연구 결과 사람들은 새로운 은유를 볼 때가 관습적 은유를 볼 때보다 우반구의 베르니케 영역 활성화가 더 크게 나타났다(Mashal et al., 2007). 이와 같이 새로운 은유를 이해해야 할 때 우반구를 더 많이 사용했다는 결과를 볼 때, 점진적 현저성 가설은 어느 정도 지지를 받고 있는 가설이라고 볼 수 있다.

은유 정보 처리 뇌 과학의 미래

은유 정보 처리 시 우리의 뇌가 어떻게 관여하는가를 알아보기 위해 인지신경과학자들은 연구를 거듭하고 있다. 앞서 살펴본 바와 같이 은유 정보 처리 시 우리 뇌의 양반구가 어떤 양상으로 활성화되는가에 대한 연구들이 이루어지고 있지만, 아직 이 분야의 연구 결과를 바탕으로 은유 정보 처리의 비밀을 풀기에는 역부족인 것이 사실이다. 예를 들어 유추적 추론 과정에서 강한 활성화를 보이는 전외측 전전두 피질(RLPFC)은 은유 정보 처리

시에는 활성화가 잘 나타나지 않는다. 은유 정보 처리에서 유추가 중요한 과정임을 생각할 때 잘 이해되지 않는 결과다. 또한 범주화 접근에서 이야기하는 이중 지시가 뇌에서 어떤 과정을 거쳐 나타나는가 역시 완벽한 설명을 하기에는 연구가 충분히 이루어지지 않았다. 은유 정보 처리에 대한 인지신경과학 연구가 더욱 활발히 이루어진다면 이에 대한 뇌 기전을 알 수 있을 뿐만 아니라 심리학적 이론들도 더욱 정교하게 발전시킬 수 있을 것이다.

참고문헌

Bottini, G. et al.(1994). The role of the right hemisphere in the interpretation of figurative aspects of language: A positron emission tomography activation study. *Brain, 117*(6), pp.1241~1253.

Broca, P.(1861). Remarks on the seat of the faculty of articulated language, following an observation of aphemia(loss of speech). *Bulletin de la Societe Anatomique, 6*, pp.330~357.

Brownell, H. H. et al.(1990). Appreciation of metaphoric alternative word meanings by left and right brain-damaged patients. *Neuropsychologia, 28*(4), pp.375~383.

Mashal, N. et al.(2007). An fMRI investigation of the neural correlates underlying the processing of novel metaphoric expressions. *Brain and Language, 100*, pp.115~126.

Shibata, M. et al.(2007). Neural mechanisms involved in the comprehension of metaphoric and literal sentences: An fMRI study. *Brain Research, 1166*, pp.92~102.

Squire, L. R. & Wixted, J. T.(2011). The cognitive neuroscience of human memory since HM. *Annual Review of Neuroscience, 34*(1), pp.259~288.

Traxler, M. J.(2023). *Introduction to psycholinguistics: Understanding language science(2nd ed.)*. Wiley Blackwell. 최원일 외 역(2024). 《언어심리학: 언어과학의 이해》. 학지사.

Winner, E. & Gardner, H.(1977). The comprehension of metaphor in brain-damaged patients. *Brain, 100*(4), pp.717~729.

09
문학에서의 은유

지금까지 우리는 인간의 언어 정보 처리 관점에서 은유 이해에 관해 살펴보았다. 이번에는 은유가 사용되는 중요한 영역인 문학에서 은유가 어떻게 이해되는가에 관하여 언어심리학적인 측면에서 생각해 볼 것이다. 아직 연구가 많이 이루어지는 분야는 아니지만 언어심리학의 중요한 연구 주제임은 분명하다.

AI와 화장품?

문학 은유의 정보 처리?

인간의 정보 처리 과정을 연구하는 인지심리학, 특히 언어 정보 처리 과정을 연구하는 언어심리학은 엄밀하게 계획된 실험에 기반하여 1000분의 1초 단위로 글 이해 과정이, 언어 산출 과정이 어떻게 이루어지는가를 연구한다. 따라서 언어심리학자들이 은유를 연구한다면 이러한 맥락에서 연구가 이루어진다. 은유 표현을 접했을 때 이 표현이 이해되기까지 어떤 심리적 과정이 필요하고, 이 과정은 얼마나 빠르게 일어나며, 뇌의 어느 영역이 이러한 작업에 관여하는가와 같은 질문에 답을 해 나간다.

이런 특징 때문에 언어심리학자들이 은유를 연구하면 한 가지 은유는 모든 사람에게 대체로 비슷한 의미로 해석되어야 한다는 가정을 한다. 만약 한 은유를 사람마다 다르게 해석한다면 얼마나 연구하기가 어려울지는 상상하기조차 힘들다. 이러한 어려운 상상이 현실이 되는 영역이 바로 문학 작품에 사용된 은유가 인간의 머릿속에서 어떻게 이해되는가를 연구하는 분야다. 물론 문학 작품은 시공간을 초월하는 보편적인 아름다움을 추구한다. 수천 수백 년 전의 훌륭한 문학 작품들은 여전히 많은 이들에게 읽히고 있으며 이들은 그 언어의 아름다움에 매료된다. 시인 김동명의 〈내 마음은〉이라는 시에 사용된 은유인 "내 마음은 호수요"는 여전히 많은 이들에게 깊은 울림을 준다. 그런데 우리가 이 시구에 큰 감동을 받는 이유는 근원 영역의 개념이 어떤 원리로 목표 영역의 개념에 전이되어 그 의미를 명확하게 이해했는가를 알았기 때문이 아닐 것이다. 그리고 설사 이런 과정을 거쳐 이 시구의 아름다움을 경험했다고 해도, 이 과정이 모두에게 동일한, 보편적인 과정은 더더욱 아닐 것이다. 오히려 이 은유가 아름다운 이유는 하나의 목표 영역 개념이 셀 수 없이 많은 근원 영역의 의미에 닿을 수 있기 때문일는지도 모른다. 시인이 그 은유를 사용한 명확한 의도를 파악하는 것에서도 아름다움을 느낄 수 있지만, 때로는 그 은유를 사용한 명확한 의도를 알 필요가 없을 수도 있다. 하나의 은유가 무한개의 해석을 품고, 무한개의 우주를 잉태할 수 있어도 좋은 은유가 될 수 있다. 이 정도면 언어심리학자들이 문학을 함부로 논하는 것이 조심스럽다.

그런데 은유의 영역은 또 다른 측면에서 문학 심리학 연구를 어렵게 한다. 우리가 개념적 사상 이론에서 검토했던 것처럼 은유는 글의 아름다움을 위한 수사학적 장치만이 아니다. 일상 언어에서 자연스럽게, 그리고 빈번히 사용되며, 레이코프의 말을 빌리면 삶 그 자체가 곧 은유다. 따라서 은유를 연구하기 위해서 시나 소설을 찾아볼 필요가 없다. 일상 언어가 곧 연구의 재료이고 대상이 된다. 일상 언어에 나타난 은유를 이해하는 것만으로도, 아니 일상의 은유만을 연구하는 것이 은유 정보 처리의 이해를 위한 본령인 것이다. 이 정도면 언어심리학자들이 문학에서의 은유를 굳이 연구할 필요가 없다는 충분한 변명이 되었으리라 짐작된다. 하지만 레이코프가 말하듯 우리가 삶으로서의 은유를 연구해야 한다면 문학의 은유를 연구하지 않는 것은 좀 이해가 되지 않는다. 문학이 아름다운 것은 문학 자체가 곧 삶이기 때문 아니던가? 이러한 동기가 작용한 것인지는 잘 모르겠지만 문학의 은유 역시 언어심리학이나 인지과학의 관점에서 연구가 이루어지고 있다.

문학 은유의 언어심리학

시에 사용된 은유를 인문학과 인지과학의 방법론을 결합하여 연구하는 학문 분야를 인지 시학(cognitive poetics)라고 한다. 인지 시학에서는 시어나 문학적 형태의 언어가 어떻게 인간의 인지 과정에 의해 조형되고 제한되는가를 설명하려고 노력한다(Rasse et al., 2020). 또한 문학 작품에서 은유가 창조되고 해석되는 방식에서 인간의 인지적 능력이 어떻게 사용되는가를 연구한다. 특히 인지 시학은 사람들이 문학 작품 속의 은유를 이해할 때 어떤 과정을 거치는가를 개념적 사상 이론에 입각하여 분석하는 연구를 수행한다(Littlemore et al., 2018).

문학 분야만이 아니라 언어심리학 분야에서도 시에 나타난 은유 정보 처리에 개념적 사상이 어떻게 영향을 미치는가를 알아보는 연구를 수행하고 있다. 깁스와 나시멘토(Gibbs & Nascimento, 1996)는 사람들에게 사랑의 개념이 무엇인지와 자신이 경험한 사랑에 관한 글을 써 달라고 요청하고, 그 내용을 분석한 결과, 응답자들이 서술한 자신의 사랑 경험에 쓰인 표현들이 사랑에 관한 개념적 사상 이론의 은유들, 이를테면 '사랑은 연합이다', '사랑은 여행이다' 등에 기반하고 있다는 것을 찾아냈다. 이러한 결과는 시에서 목표 영역의 개념을 창의적으로 표현하기 위해 사용하는 은유가 사실 개념적 사상 이론에서 말하는 개념적 은유에 기반하고 있다는 것을 시사한다. 시를 쓰는 사람이나 시를 읽는 사람이 모두 개념적 은유에 근거하여 시적 의사소통을 하는 것이다. 깁스와 보어스(Gibbs & Boers, 2005)의 연구에서도 유사한 결과가 나타났는데, 이 연구에서는 연구 대상자들에게 로버트 프로스트(Robert Frost)의 〈가지 않은 길(The Road Not Taken)〉을 읽고 이를 해석하도록 요구했는데, 이들의 해석은 '인생은 여행이다'라는 개념적 은유와 간접적으로 연결되어 있었다. 또한 많은 응답자들은 이 시를 이해할 때 자신이 숲속을 걸어가는 것을 상상했다는 응답을 했는데, 이는 개념적 은유가 가지는 체화적 속성을 반영하는 것이기도 하다. 한 가지 흥미로운 사실은 이 시에는 인생(life)이라는 단어가 등장하지 않는다는 점이다. 엄밀히 말하면 이 시는 은유가 사용되었다기보다는 상징이 사용되었는데, 이러한 상징을 이해하는 데도 개념적 은유가 의식 혹은 무의식적으로 사용된다는 것이다.

가야 할 길

그렇다면 문학 은유를 연구하는 언어심리학자들은 어떤 길을 가야 할까? 또 이 길을 가는 데 존재하는 장애물은 무엇일까? 먼저 문학에서 사용된 은유가 어떤 정보 처리 과정을 거쳐서 이해되는가를 알아보기 위해 안구 운동이나 반응 시간을 측정하는 것이 과연 타당한 방법인가를 고민해야 한다. 일상 언어와는 달리 시를 이해하는 것은 그 의미를 순식간에 활성화할 필요도 없고, 한 가지 명확한 의미가 있어야만 하는 것도 아니다. 이런 상황에서 과연 기존의 언어심리학적 연구 방법론이 어떤 유용성을 가지는가를 생각해 봐야 한다. 이러한 관점에서 뇌영상 연구 방법이나 뇌파 측정법과 같은 인지신경과학적 연구 방법론을 효과적으로 적용할 수 있는 길을 모색할 필요도 있을 것이다.

연구의 내용과 관련해서는 시나 소설의 은유가 어떻게 창조되고 이해되는가와 더불어, 은유를 통해 표현되는 감정에 관한 연구에도 주의를 기울일 필요가 있다. 일상 언어에 나타난 은유 이해에 관한 연구는 주로 인지 정보 처리 과정을 밝히는 것에 집중되어 있다. 하지만 문학에서의 은유는 감정 정보 처리 과정을 알아보는 것도 흥미로운 여정이 될 것이다. 프로스트의 〈가지 않은 길〉이나 김동명의 〈내 마음은〉에 나타난 비유 표현을 깊이 이해한다는 말은 단순히 그 비유의 언어적 의미를 이해한다는 것을 넘어선다. 언어적 의미와 함께 느껴지는 감정적 의미를 이해해야만 시를 온전히 감상하는 것이 된다. 문학에서 나타난 은유에 관한 언어심리학적 연구는 아직 유아기를 보낸다고 해도 과언이 아니다. 걸음마를 떼고, 유치원도 가고, 학교를 졸업하고 장성할 때까지 갈

길이 멀다. 그리고 이 과정에 많은 장애물도 있으리라 생각된다. 언어심리학이 이러한 장애물을 어떻게 극복할지 기대가 된다.

참고문헌

Gibbs, R. & Boers, E.(2005). Metaphoric processing of allegorical poetry. In *Metaphor and culture*, pp.44~61.

Gibbs, R. W. & Nascimento, S. B.(1996). How we talk when we talk about love: Metaphorical concepts and understanding love poetry. *Advances in Discourse Processes, 52*, pp.291~308.

Littlemore, J. et al.(2018). What makes a good metaphor? A cross-cultural study of computer-generated metaphor appreciation. *Metaphor and Symbol, 33*(2), pp.101~122.

Rasse, C. et al.(2020). Conceptual metaphors in poetry interpretation: A psycholinguistic approach. *Language and Cognition, 12*(2), pp.310~342.

10
생성형 AI로 은유 연구하기

은유에 대해서 언어심리학은 어떤 이야기를 하는가를 지금까지 살펴보았다. 이제 종착역이다. 우리는 지금까지 인간의 은유 정보 처리 과정이 어떻게 이루어지는가에 관한 언어심리학적 이론들을 검토했다. 끝으로, 보다 본질적인 질문으로서 인간은 왜 은유를 사용하는가를 생각하면서 생성형 인공지능의 시대에 은유는 어떤 미래를 맞이할 것인가 고찰하며 이 여정을 마무리해 보자.

종교와 AI?

왜 은유인가?

이 책에서 우리는 은유가 어떻게 이해되는가에 대한 언어심리학자들의 대답이 무엇인가를 살펴보았다. 아직 완전한 결론에 이른 것은 아니지만, 엄밀한 실험을 바탕으로 어떤 부분에서는 비교적 명확한 그림을 그려 볼 수준에 이르렀다. 이러한 지점까지 올 수 있었던 이유는 언어심리학자들이 연구한 은유는 비교적 명확한 의미를 가지기 때문이었다. 이것이 문학에서의 은유를 연구하기 어려운 이유이기도 하다.

이 책을 마무리하면서 다른 방향의 본질적 질문을 던져 보자. 이러한 은유는 왜 사용되는 것일까? 달리 말하면 우리는 왜 은유를 사용하는 것일까? 책을 마무리하면서 갑자기 새로운 질문을 던지는 이유는 인간이 은유를 사용하는 의도와 목적을 아는 것이 은유를 이해하는 데도 도움이 될 수 있기 때문이다. 그러면 몇 가지 은유를 사용하는 목적을 살펴보자.

인간이 은유를 사용하는 중요한 목적 중 하나는 직설적 표현을 사용하는 것이 부적절하거나 위험한 상황에서 적절한 방식으로 자신의 의도를 넌지시 드러내기 위함이다. 예를 들어 사귄 지 얼마 되지 않은 커플이 있다고 하자. 커플 중 한 명이 파트너에게 요리를 해 주며 맛이 어떤지 물었다. 사실 맛이 너무 없었지만, 이를 그대로 표현하는 것은 부적절하다. 이때 "너의 음식은 미지의 세계야"라고 말한다면 상대방의 기분을 덜 나쁘게 하면서도 자신의 의견을 부드럽게 표현할 수 있다.

두 번째로 우리는 복합적인 의미를 담아 이야기하고 싶을 때 은유를 사용한다. 시에서도 은유 표현은 하나의 의미만을 담고 있는 것이 아니다. 방금 예로 든 "너의 음식은 미지의 세계"라는 은유 역시 자신의 의도를 넌지시 드러내기 위한 표현이면서 동시에 여러 의미를 담고 있다고 볼 수도 있다.

세 번째로 창의적인 은유는 정보 처리에도 도움이 될 수 있다. 즉 보다 효과적인 정보 처리를 위해서 은유가 사용되기도 한다. 우리가 이 책에서 자주 인용한 '침대는 과학이다'라는 은유는 사람들에게 해당 침대의 인지도를 효과적으로 상승시켰고, 매출에도 큰 도움을 주었을 것이다. 실제로 한 연구에서는 은유 의미 표현이 사용된 문장(예, 범죄의 원천이 무엇인지 진단한 뒤, 경찰들은 필사적으로 치료법을 찾아냈다)과 문자 의미 표현(예, 범죄의 원천이 무엇인지 조사한 뒤, 경찰들은 필사적으로 해결책을 찾아냈다)이 사용된 글을 제시하고, 향후 어떤 글이 더 잘 기억되는가에 대한 깜짝 기억 검사를 실시했는데, 은유 문장을 더 잘 회상하는 것으로 나타났다(Traxler, 2023). 이 연구에서 참가자들은 글을 읽을 때 이를 기억해야 한다는 것을 몰랐기 때문에, 향후 수행된 기억 검사에서 은유 표현이 사용된 글을 더 잘 회상했다는 결과는 좋은 은유가 사용되었을 때 더 효과적으로 정보를 전달할 수 있음을 시사한다. 시인이나 소설가들이 좋은 은유를 만들어 내기 위해 궁리하는 이유도 바로 여기에 있을 것이다.

지금까지 세 가지 정도의 은유 사용의 목적에 관해 기술했지만, 이보다 훨씬 더 많은 이유가 있을 수 있다. 언어 생산자로서의 인간이 이와 같은 다양한 이유로 은유를 사용한다면, 언어 이해자로서의 인간은 이 이유들을 정확하게 파악할 수 있을까? 은유 표현의 의미를 파악하는 것을 넘어서, 그 표현이 사용된 의도 혹은 목적을 정확하게 파악할 수 있을까? 충분한 정보가 있다면 불가능한 일은 아니겠지만, 발화의 숨겨진 의도를 파악하는 일은 정말 어려운 일이다. 앞에서 예로 든 "너의 음식은 미지의 세계"라는 은유를 다시 생각해 보자. 이 표현은 썩 마음에 들지 않았던 음식이라고 말하고 싶은 마음을 에둘러 표현한 것일 수 있지만, 정말 새로운 맛을 경험했을 때 이를 적절하게 표현하기 위해 찾은 은유일 수도 있다.

화자가 직접 그 의도를 밝히기 전에는 청자는 그 의도를 알기 쉽지 않다. 오죽하면 우리 옛 속담에 “열 길 물속은 알아도 한 길 사람 속은 모른다”라고 했겠는가. 열 사람 키 깊이의 물속에 무엇이 있는지는 알아도, 한 사람 마음속에 있는 의도는 알기 어려운 법이다. 이러한 과업에 AI가 도움을 줄 수는 없을까?

AI와 인간의 은유

이 책의 서문에서 언급했듯이, 챗지피티와 같은 생성형 AI는 언어에서 표현된 은유의 의미를 그럭저럭 잘 이해한다. 지금까지 생성형 AI의 발전 속도를 고려한다면 앞 문장에서 사용한 ‘그럭저럭’이란 부사가 ‘너무나’로 바뀔 날이 머지않아 올 것이다. 그렇다면 생성형 AI는 인간이 은유를 왜 사용하는가 역시 잘 파악할 수 있을까? 이 문제는 쉽게 답하기 어렵다.

이 문제에 답하기 전에 생성형 AI가 인간의 마음(의도)을 읽을 수 있는지에 대한 일반적인 질문을 먼저 생각해 보면 아직은 쉽지 않다고 답할 수 있다. 물론 뇌의 활성화 양상을 보고 어떤 행동이나 생각을 하고 있는지를 추론하는 신경 디코딩 연구에 AI 기술이 활용되고 있지만, 이것이 AI가 사람의 마음을 알 수 있다는 것을 말해

주는 것은 아니다. 그리고 신경 디코딩으로 알아낼 수 있는 인간의 행동과 의도의 관계 역시 아직은 매우 초보적인 수준에 그치고 있다. 이러한 상황을 고려한다면 적어도 현재의 AI는 인간이 은유를 사용한 의도나 목적을 알기는 어려울 것으로 보인다.

하지만 AI가 잘하는 것이 무엇인지 생각해 보자. AI는 무수한 데이터에서 잠재적인 패턴을 추출하는 일에는 엄청난 능력을 발휘할 수 있다. 인간이 따라잡을 수준이 아니다. 그렇다면 인간이 생산한 방대한 은유 표현을 학습하고, 그 속에서 존재하는 잠재적인 규칙을 발견한다면 은유의 의미 파악을 넘어서 은유의 의도를 파악하는 것이 완전히 불가능한 일은 아닐 것이다. 완벽하게 해낼 수는 없겠지만, 인간 수준의 능력을 갖게 될 가능성은 적지 않다고 생각한다.

아직 AI와 관련된 은유 연구는 아주 초보적인 수준이다. 적어도 지금은 은유를 탐지하거나 은유와 비은유를 식별하는 AI의 수준도 인간을 따라잡긴 어렵다. 하지만 인간이 은유를 생성하고 이해하는 과정에 AI 기술을 활용하는 일이 아주 먼 미래는 아닐 것이다. 앞으로 AI가 은유 연구에 어떻게 사용될 것인가를 그려 보며 글을 마친다.

참고문헌

Traxler, M. J.(2023). *Introduction to psycholinguistics: Understanding language science(2nd ed.)*. Wiley Blackwell. 최원일 외 역(2024). 《언어심리학: 언어과학의 이해》. 학지사.

최원일

광주과학기술원 인문사회과학부 교수다. 고려대학교 심리학과에서 학부를 졸업하고 노스캐롤라이나대학교 채플힐에서 인지심리학을 전공해 박사학위를 받았다. 사우스캐롤라이나대학교의 인스티튜트 오브 마인드 앤드 브레인(Institute of Mind and Brain), 캘리포니아대학교 데이비스의 센터 포 마인드 앤드 브레인(Center for Mind and Brain)에서 박사 후 연구원으로 일했다. 2016년부터 광주과학기술원에서 학생들에게 심리학을 가르치고 있다. 주요 연구 분야는 인간의 언어, 인지, 감정의 정보 처리 과정을 알아보는 것이며, 최근에는 심리학자로서 AI를 비롯한 비인간들과 인간이 어떻게 상호작용하는지 알아보는 데도 관심을 두고 연구를 수행 중이다.